OS JOGOS E O LÚDICO
NA APRENDIZAGEM ESCOLAR

CB011691

SOBRE OS AUTORES

Lino de Macedo. Professor Titular de Psicologia do Desenvolvimento do Instituto de Psicologia da Universidade de São Paulo.

Ana Lúcia Sícoli Petty. Mestre em Psicologia Escolar, pelo Instituto de Psicologia da Universidade de São Paulo, técnica do Laboratório de Psicopedagogia (LaPp) do Instituto de Psicologia da USP.

Norimar Christe Passos. Psicóloga. Especialista em atendimento a alunos com dificuldades de aprendizagem, integrante do Laboratório de Psicopedagogia (LaPp) do Instituto de Psicologia da USP.

M141j   Macedo, Lino
           Os jogos e o lúdico na aprendizagem escolar / Lino de Macedo,
         Ana Lúcia Sícoli Petty e Norimar Christe Passos – Porto Alegre :
         Artmed, 2005.

           ISBN 978-85-363-0463-2

           1. Educação – Jogos – Lúdico – Aprendizagem. I. Petty, Ana Lúcia
         Sícoli. II. Passos, Norimar Christe. III. Título.

           CDU   371.695

Catalogação na publicação: Mônica Ballejo Canto – CRB 10/1023

OS JOGOS E O LÚDICO
NA APRENDIZAGEM ESCOLAR

LINO DE MACEDO
ANA LÚCIA SÍCOLI PETTY
NORIMAR CHRISTE PASSOS

Reimpressão 2008

artmed®

2005

© Artmed Editora S.A., 2005

Capa
Gustavo Macri

Preparação do original
Elisângela Rosa dos Santos

Supervisão editorial
Mônica Ballejo Canto

Projeto gráfico e editoração eletrônica
Armazém Digital Editoração Eletrônica – rcmv

Reservados todos os direitos de publicação, em língua portuguesa, à
ARTMED® EDITORA S.A.
Av. Jerônimo de Ornelas, 670 - Santana
90040-340 Porto Alegre RS
Fone (51) 3027-7000 Fax (51) 3027-7070

É proibida a duplicação ou reprodução deste volume, no todo ou em parte, sob quaisquer
formas ou por quaisquer meios (eletrônico, mecânico, gravação, fotocópia, distribuição na
Web e outros), sem permissão expressa da Editora.

SÃO PAULO
Av. Angélica, 1091 - Higienópolis
01227-100 São Paulo SP
Fone (11) 3665-1100 Fax (11) 3667-1333

SAC 0800 703-3444

IMPRESSO NO BRASIL
PRINTED IN BRAZIL

Sumário

Introdução

Hoje, mais do que nunca, vivemos numa época em que comunicar-se é condição de sobrevivência. Dominar linguagens e conhecer diferentes formas de trocar informações são grandes desafios para a sociedade e, em especial, para a educação. Há muitas formas de comunicação, sendo que destacamos, as linguagens gestual, visual, gráfica (desenho ou escrita) e verbal, apresentadas em um contexto de situações-problema com jogos. De acordo com nossa prática, temos observado que, em geral, não é muito comum considerar a comunicação e a compreensão dos conteúdos a serem aprendidos por meio de outros recursos além da leitura, escrita e outras representações, tão enfatizadas nas atividades escolares. Pretendemos discutir sobre esse desafio, em uma perspectiva construtivista, tendo os jogos como instrumento. Estes foram especialmente selecionados para apresentar às crianças várias maneiras de interpretar e comunicar idéias, ampliando-lhes, portanto, o repertório.

Outro desafio, também muito importante para a educação, é encontrar meios eficazes para avaliar crianças. Este é mais um dos objetivos de nosso trabalho, na medida em que desenvolvemos pesquisas buscando realizar avaliação de crianças por meio de jogos. Consideramos fundamental aprender a analisar qualitativamente suas ações (procedimentos) e produções (registros) em diferentes situações de aprendizagem, estabelecendo um contexto de troca e diálogo. Para tanto, valorizamos simultaneamente as características gerais do desenvolvimento infantil e as particularidades da ação daquela criança que está sendo avaliada no contexto do jogo.

Há uma articulação significativa entre comunicação e avaliação. Ao jogar, uma criança dá muitas informações e comunica, através da ação, sua forma de pensar, desde que o observador reconheça nas ações ou nos procedimentos os indícios que está buscando para realizar sua avaliação. Em outras palavras, deve ser capaz de transformar as informações, sempre presentes, em dados significativos. Em nosso trabalho de apoio psicopedagógico para a aprendizagem escolar, realizado no Laboratório de Psicopedagogia (LaPp) do Instituto de Psicologia da USP, utilizamos freqüentemente os jogos aqui apresentados.

Eles são exemplos de situações possíveis de se trabalhar com esse tipo de linguagem, em um contexto de avaliação formativa.

Em síntese, nossa hipótese é que esse recorte do trabalho com jogos expressa uma das possibilidades de se coordenar pedagogia diferenciada com avaliação formativa. Pedagogia diferenciada porque permite ao professor criar e gerir situações de aprendizagem mais condizentes com as atuais condições educacionais. Avaliação formativa porque faz da observação e da regulação uma nova e melhor forma de atribuir valor e promover as produções das crianças.

O lúdico nos processos de desenvolvimento e aprendizagem escolar

No Brasil, a educação básica realiza-se, ou deveria realizar-se, na perspectiva legal para todas as crianças e todos os adolescentes, por intermédio de três processos de escolarização sucessivos e interdependentes. O primeiro abrange a escola de educação infantil, para crianças até 6 anos, o segundo abrange a escola fundamental, para crianças e jovens entre 7 e 14 anos, e o terceiro abrange a escola de ensino médio, para adolescentes entre 15 e 17 anos. Considerando essa exigência de uma escola para todos (Macedo, 2004), o objetivo do presente capítulo é analisar a importância da dimensão lúdica nos processos de aprendizagem escolar como uma das condições para o desenvolvimento das crianças e dos adolescentes e, quem sabe, para uma recuperação do sentido original da escola.

Segundo o Dicionário Eletrônico Houaiss, entre outros significados, em sua versão latina, escola quer dizer "divertimento, recreio" e, em sua versão grega, "descanso, repouso, lazer, tempo livre, hora de estudo, ocupação de um homem com ócio, livre do trabalho servil". Uma de nossas hipóteses é que uma compreensão dos processos de desenvolvimento e aprendizagem, como formas interdependentes de conhecimento, poderia recuperar esses sentidos da escola que se perderam com o tempo (Macedo, 1997). A outra suposição é que, para isso, teríamos de cuidar da dimensão lúdica das tarefas escolares e possibilitar que as crianças pudessem ser protagonistas, isto é, responsáveis por suas ações, nos limites de suas possibilidades de desenvolvimento e dos recursos mobilizados pelos processos de aprendizagem.

DESENVOLVIMENTO E APRENDIZAGEM

O que significa desenvolvimento? Para uma reflexão sobre esse termo, propomos sua decomposição nas quatro partes que o constituem: des + en + volvi + mento. O sufixo –*mento* expressa processo, algo que está em curso e que se realiza dinamicamente. O verbo –*volv* significa voltar, retornar. O prefixo *en*–, de natureza espacial ou topológica, indica aproximação, direção em relação a algo. O prefixo *des*–, ao contrário do anterior, marca um movimento para fora, que tira, expande ou nega aquilo que lhe sucede, ou seja, tem uma conotação temporal, histórica. Portanto, desenvolvimento refere-se a um processo construtivo que, ao se voltar para dentro, incluir, ao mesmo tempo amplifica-se, desdobra-se para fora. Ao envolver, marca sua função espacial, reversível, de abertura para todas as possibilidades ou combinações; ao se negar, expressa sua condição necessária, irreversível e histórica que, inserida no fluxo do existir, só pode desenrolar-se conservando sua identidade no jogo de suas transformações. Nascidos para a vida e o seu desenvolvimento, o contrário disso, de modo permanente ou transitório, é a morte, a doença, o sofrimento, a dissociação, um ser sem sentido, que vaga nas incertezas ou exclusões, sem lugar, sem tempo e sem possibilidade de conhecimento ou realização.

O que significa aprendizagem? Propomos, igualmente, que consideremos as diferentes partes que compõem essa palavra: a + prendiz + agem. O sufixo –*agem* que substantiva o verbo a + prender. Prender é o mesmo que atar, fixar, pregar em. Seu correspondente etimológico – apreender – significa abarcar com profundidade, compreender, captar. O prefixo *a–(ad–)* indica aproximação, movimento em direção a. Podemos notar que, essa palavra, do mesmo modo que desenvolvimento, expressa um novo conhecimento, espacial e temporalmente determinado. Espacial porque se trata de juntar uma coisa a outra. Temporal porque essa ligação modifica ou acrescenta algo ao que era, ou não era, antes dessa preensão.

Desenvolvimento e aprendizagem expressam, assim, as duas fontes do conhecimento: uma endógena, que é interior a uma pessoa, grupo ou sistema; e outra exógena, que se produz no exterior. No primeiro caso, como dissemos, o desafio é desdobrar-se para fora, conservando uma identidade ou envolvimento. No segundo, o que interessa é incorporar algo que, sendo externo, há de se tornar nosso, individual ou coletivamente. A criança desenvolve brincadeiras e aprende jogos. Pode também aprender brincadeiras com seus pares ou cultura e, com isso, desenvolver habilidades, sentimentos ou pensamentos. O mesmo ocorre nos jogos: ao aprendê-los, desenvolvemos o respeito mútuo (modos de se relacionar entre iguais), o saber compartilhar uma tarefa ou um desafio em um contexto de regras e objetivos, a reciprocidade, as estratégias para o enfrentamento das situações-problema, os raciocínios.

Podemos combinar as relações entre desenvolvimento e aprendizagem de diversos modos. Neste capítulo, propomos que as consideremos em sua perspectiva independente ou interdependente (Macedo, 1996). Na maior parte de sua obra, por exemplo, Piaget estudou os estádios de desenvolvimento de noções e operações buscando analisar os esquemas utilizados pelas crianças em sua perspectiva própria, ou seja, desconsiderando o que aprendiam na escola. Para isso, adotou um método clínico (Piaget et al., s.d.; Delval, 2002) em que propunha situações experimentais que permitiam observar os modos de as crianças compreenderem ou realizarem procedimentos em problemas de física ou matemática. Que hipóteses ou explicações formulavam? Como ordenar as melhores respostas considerando o pensamento e as hipóteses das crianças, e não aquilo que tinham aprendido ou repetiam de seus professores? A monumental obra experimental de Piaget e seus colaboradores foi quase toda ela construída com base nessa perspectiva. Igualmente, pesquisadores da área de psicologia experimental trabalham tentando encontrar ou descrever princípios de aprendizagem (condicionamento, formação de hábitos, extinção ou punição de comportamentos indesejáveis, etc.) por meio de isolamento ou da não-consideração de fatores ou causas vinculadas ao desenvolvimento dos sujeitos estudados.

Em contextos de pesquisa, às vezes é importante separar os processos de aprendizagem dos processos de desenvolvimento, por mais que tenham pontos em comum, como já analisamos. Em uma situação escolar, ao contrário, cada vez mais nos damos conta da importância de considerá-los de modo interdependente. Por exemplo, nossa hipótese hoje é que não vale a pena explicar um conceito ou ensinar uma operação desvinculada dos modos ou das possibilidades de assimilação de nossos alunos.

Considerar desenvolvimento e aprendizagem como formas interdependentes de conhecimento implica assumir suas relações como irredutíveis, complementares e indissociáveis. Irredutíveis porque, como já analisamos, são expressões singulares, que refletem movimentos específicos e opostos de transformação de uma mesma coisa. Nos processos de desenvolvimento, a direção de mudança ou progresso é centrífuga, isto é, implica um alargamento ou aprofundamento do envolvimento, que se desdobra para fora, conservando no jogo das transformações o centro ou a totalidade (que pode ser uma pessoa, um grupo ou um sistema) que lhe dá identidade. Nos processos de aprendizagem, a direção das aquisições é centrípeta, isto é, implica uma transferência ou transposição que liga, por aproximação, uma coisa a outra. A singularidade dos processos não impede a natureza complementar de suas relações. Complementar porque centrífugo corresponde a endógeno e centrípeto a exógeno. No primeiro, algo interno (a uma pessoa, um grupo ou um sistema) expande-se e aprofunda-se, tornando-se outro, apesar de continuar sendo o mesmo. No segundo, algo externo é apropriado, atado e, por isso, acrescenta, transforma ou possibilita novas aquisições. Por fim, a relação é indissociável porque, ao desenvolver, temos de renunciar ao passado como todo, mas saber incluí-lo como parte de nosso que será. Ao aprender, temos de aumentar ou transformar nosso presente e nosso passado, comprometendo o futuro, por aquilo que nos tornamos.

Na escola seletiva, ou seja, que aceita e mantém apenas alunos que atendam minimamente aos seus critérios de ensino e avaliação de aproveitamento e conduta escolar, os processos de desenvolvimento e aprendizagem podem ser tratados de um modo não-interdependente. Na escola inclusiva, ou seja, que defende que a educação básica é um direito de todas as crianças e que é possível escolarizá-las em um mesmo contexto e com um objetivo comum, desde que se diferenciem as estratégias e os recursos pedagógicos, desenvolvimento e aprendizagem não podem ser tratados de forma subordinada, como se um fosse a causa do outro, nem livre, como se referissem a processos autônomos. Em uma escola para todos, desenvolvimento e aprendizagem devem ser considerados como formas interdependentes. Uma das condições para isso é que a dimensão lúdica, como proporemos a seguir, qualifique as tarefas escolares, principalmente na perspectiva daquelas que são propostas às crianças.

A relação entre desenvolvimento e aprendizagem na escola seletiva expressa-se freqüentemente por um jogo de forças e antagonismos entre aquele que ensina e aquele que aprende. É como se os responsáveis – sobretudo o professor – pela aprendizagem das crianças não pudessem ou não soubessem considerar os processos de seu desenvolvimento. Assim, às vezes, ensinar, fazer aprender, subordina o desenvolvimento; outras vezes, é a aprendizagem que deve sujeitar-se às características, às limitações, aos interesses ou às dificuldades das crianças. Pode ser também que operem como dois sistemas que funcionem juntos, mas sem conexão entre si: os professores e as crianças realizam suas tarefas sem reciprocidade. E se a escola tiver de acolher a todas as crianças? E se ela se comprometer com um percurso educacional tendo de garantir aquisições e possibilidades de convivência e cooperação mínimas entre as pessoas que dela fazem parte?

Piaget, ao prefaciar o livro *Aprendizagem e estruturas do conhecimento*, de Inhelder, Bovet e Sinclair (1977), utilizou o termo "zona de assimilação" para se referir a esse espaço-tempo das relações entre desenvolvimento e aprendizagem, quando as intervenções do experimentador visam a promover a aquisição de uma noção ou operação por parte das crianças. Antes de comentarmos sobre isso, lembremos que zona é um substantivo que significa cintura, isto é, delimita uma região circular dentro da qual algo está localizado ou pode acontecer. Trata-se, portanto, de uma imagem espacial que dá contexto para uma história, que indica um tempo de ocorrência de coisas significativas para o que se pretende analisar. Referindo-se aos principais resultados encontrados, Piaget assinalou que, em primeiro lugar, ocorreu um efeito nulo, ou seja, não se verificou perturbação ou progresso nas aquisições que foram objeto de intervenção. Para Piaget, a ineficácia das intervenções nesse caso deveu-se ao fato de a criança ser muito jovem e não haver ainda para ela "ligação entre as *zonas de assimilações* relativas ao fator introduzido e a reação esperada" (1977, p. 10, grifo nosso). Em segundo lugar, mencionou a ocorrência de um efeito positivo de aceleração, ficando evidente que os recursos mobilizados transformaram-se em instrumento de assimilação das crianças e, por isso, de fato anteciparam progressos que, fora dessas condições, poderiam demorar muito mais tempo. Por último, referiu-se a um efeito negativo, isto é, as intervenções foram fonte de perturbações, algumas superadas mais rapidamente, outras não. Nesse caso, as crianças não souberam, no contexto das experimentações, acomodar seus esquemas e, assim, compensar os conflitos desencadeados pelas situações-problema propostas pelos pesquisadores.

A conclusão de Piaget, no referido prefácio, é que "todas as modificações obtidas consistem, no momento em que se produziram, em acelerações do desenvolvimento ou em conflitos, de início perturbadores (tendo mesmo possibilidades de regressões momentâneas ou ocasionais) e depois formadores de novas aquisições, mas em conformidade com as linhas (ou créodes) do desenvolvimento" (1977, p. 11). Trata-se de uma afirmação importante, pois esse autor assume que as mediações em favor da aprendizagem das crianças podem resultar em acelerações efetivas ou em proposição de desafios (questões para as quais as respostas do sujeito são insuficientes ou contraditórias) que, cedo ou tarde, proporcionarão novas aquisições. Porém, essa zona de aprendizagem está delimitada, isto é, deve-se conformar, segundo ele, às possibilidades (estruturais) do desenvolvimento. De fato, ao analisarmos o significado dessa palavra, vimos que o prefixo *des-* supõe o que pode ser envolvido.

Apesar de reconhecer a existência de uma zona de aprendizagem nos processos de desenvolvimento, Piaget conclui o prefácio formulando três problemas que nos pedem alguma prudência ou demonstração mais bem fundamentada sobre esse assunto. A primeira questão é saber se as aquisições obtidas por intermédio da aprendizagem são estáveis ou são apagadas após algum tempo. A segunda é avaliar as conseqüências negativas de acelerações dos processos de desenvolvimento, ou seja, da introdução de desvios que perturbam a compreensão ou a realização das crianças. A última questão é analisar se as aquisições obtidas independentemente do desenvolvimento prestam-se a novas construções, por iniciativa ou autonomia das crianças, ou se estas ficam dependentes de seus professores, a ponto de não aprenderem mais nada sem eles.

DIMENSÃO LÚDICA

Brincar e jogar

O brincar é fundamental para o nosso desenvolvimento. É a principal atividade das crianças quando não estão dedicadas às suas necessidades de sobrevivência (repouso, alimentação, etc.). Todas as crianças brincam se não estão cansadas, doentes ou impedidas. Brincar é envolvente, interessante e informativo. Envolvente porque coloca a criança em um contexto de interação em que suas atividades físicas e fantasiosas, bem como os objetos que servem de projeção ou suporte delas, fazem parte de um mesmo contínuo topológico. Interessante porque canaliza, orienta, organiza as energias da criança, dando-lhes forma de atividade ou ocupação. Informativo porque, nesse contexto, ela pode aprender sobre as características dos objetos, os conteúdos pensados ou imaginados. O brincar é agradável por si mesmo, aqui e agora. Na perspectiva da criança, brinca-se pelo prazer de brincar, e não porque suas conseqüências sejam eventualmente positivas ou preparadoras de alguma outra coisa. No brincar, objetivos, meios e resultados tornam-se indissociáveis e enredam a criança em uma atividade gostosa por si mesma, pelo que proporciona no momento de sua realização. Este é o caráter autotélico do brincar. Do ponto de vista do desenvolvimento, essa característica é fundamental, pois possibilita à criança aprender consigo mesma e com os objetos ou pessoas envolvidas nas brincadeiras, nos limites de suas possibilidades e de seu repertório. Esses elementos, ao serem mobilizados nas brincadeiras, organizam-se de muitos modos, criam conflitos e projeções, concebem diálogos, praticam argumentações, resolvem ou possibilitam o enfrentamento de problemas.

O brincar é sério, uma vez que supõe atenção e concentração. Atenção no sentido de que envolve muitos aspectos inter-relacionados, e concentração no sentido de que requer um foco, mesmo que fugidio, para motivar as brincadeiras. O brincar supõe também disponibilidade, já que as coisas mais importantes da vida da criança – o espaço, o tempo, seu corpo, seus conhecimentos, suas relações com pessoas, objetos e atividades – são oferecidas a uma situação na qual ela, quase sempre, é a única protagonista, a responsável pelas ações e fantasias que compõem essa atividade. Para adolescentes, adultos e idosos, o brincar continua com a mesma função. Para nós, o brincar é a saudade ou a recuperação daquela criança que fomos um dia, que dava sua vida para as coisas pelo gosto e pelo valor que tinham em si mesmas, pelos benefícios ou pelas conseqüências inerentes ao próprio ato de sua realização.

O jogar é um dos sucedâneos mais importantes do brincar. O jogar é o brincar em um contexto de regras e com um objetivo predefinido. Jogar certo, segundo certas regras e objetivos, diferencia-se de jogar bem, ou seja, da qualidade e do efeito das decisões ou dos riscos. O brincar é um jogar com idéias, sentimentos, pessoas, situações e objetos em que as regulações e os objetivos não estão necessariamente predeterminados. No jogo, ganha-se ou perde-se. Nas brincadeiras, diverte-se, passa-se um tempo, faz-se de conta. No jogo, as delimitações (tabuleiro, peças, objetivos, regras, alternância entre jogadores, tempo, etc.) são condições fundamentais para sua realização. Nas brincadeiras, tais condições não são necessárias. O jogar é uma brincadeira organizada, convencional, com papéis e posições demarcadas. O que surpreende no jogar é seu resultado ou certas reações dos jogadores. O que surpreende nas brincadeiras é sua própria composição ou realização. O jogo é uma brincadeira que evoluiu. A brincadeira é o que será do jogo, é sua antecipação, é sua condição primordial. A brincadeira é uma necessidade da criança; o jogo, uma de suas possibilidades à medida que nos tornamos mais velhos. Quem brinca sobreviveu (simbolicamente); quem joga jurou (regras, propósitos, responsabilidades, comparações).

A dimensão lúdica

Temos o hábito de classificar os jogos e as brincadeiras, seja por seus conteúdos, materiais, preferências ou estrutura. Neste capítulo, a idéia é sugerir indicadores para inferir a dimensão lúdica. Antes disso, talvez seja interessante lembrar a diferença entre julgamentos com base em conceitos (que nos possibilitam fazer classificações) e julgamentos com base em inferências (que nos permitem fazer observações, regulações ou avaliações não-conceituais). Quando se trabalha com indicadores, o desafio é aprender a observar partes, elementos, detalhes que nos permitem supor um todo que só pode ser apresentado de modo incompleto, que não pode ser percebido totalmente. Possibilita, também, antecipar ou corrigir algo que ainda não é, que ainda não se realizou completamente.

O objetivo é apresentar cinco indicadores que permitam inferir a presença do lúdico nos processos de aprendizagem ou desenvolvimento (Macedo, 2003), favorecendo a observação da dimensão lúdica nas atividades escolares. Para isso, defendemos que, na perspectiva das crianças, elas apresentem as seguintes qualidades:

1. terem prazer funcional;
2. serem desafiadoras;
3. criarem possibilidades ou disporem delas;
4. possuírem dimensão simbólica e;
5. expressarem-se de modo construtivo ou relacional.

A hipótese é que, se soubermos observar a presença – maior ou menor – do lúdico, poderemos compreender resistências, desinteresses e toda a sorte de limitações que tornam, muitas vezes, a escola sem sentido para as crianças. Além disso, nosso objetivo é desfazer certos mal-entendidos de que lúdico significa necessariamente algo agradável na perspectiva daquele que realiza a atividade. Se fosse só assim, poderíamos, por exemplo, vir a ser reféns das crianças ou condenados a praticar coisas engraçadas, mesmo que sem sentido.

Os adultos sabem cada vez mais o quão fundamental é a educação básica para todas as crianças. Dispomos de leis que exigem do poder público, em todos os níveis, uma aplicação mínima de seus recursos orçamentários em favor da educação de crianças e jovens. Os pais são obrigados, correndo o risco de serem condenados por negligência, a manter seus filhos na escola e a zelar por sua educação formal. Em outras palavras, no mundo de hoje, ainda que não suficientemente, considera-se que a escola é necessária em todos os sentidos.

O problema é que não basta que esse direito seja valorizado pelos adultos. Dizer que a escola é fundamental para o bem das crianças é um discurso e uma exigência dos mais velhos. Ao mesmo tempo, pode ser algo muito abstrato e distante da realidade delas. Por mais que os adultos tenham razão, isso não basta para convencer as crianças. O que elas sentem a respeito da escola que a sociedade lhes oferece? O que pensam de seus professores e das tarefas que lhes propõem? Como julgam os livros, os espaços e os tempos pedagógicos, assim como o cotidiano da sala de aula?

Valorizar o lúdico nos processos de aprendizagem significa, entre outras coisas, considerá-lo na perspectiva das crianças. Para elas, apenas o que é lúdico faz sentido. Em atividades necessárias (dormir, comer, beber, tomar banho, fazer xixi), por exemplo, é comum as crianças introduzirem um elemento lúdico e as realizarem agregando elementos como os que serão analisados a seguir.

Como avaliar as atividades escolares em sua perspectiva lúdica? Como modificar ou acrescentar, se possível, a dimensão lúdica nas atividades escolares? Como tornar os processos de aprendizagem das crianças algo que lhes faça sentido? Em outras palavras, uma escola para todos pode ser ao mesmo tempo lúdica para as crianças agora obrigadas, ainda que "para seu bem", a freqüentarem-na até os 15 ou 18 anos. Para que isso ocorra, certos aspectos relacionados ao lúdico devem ser levados em conta, tais como os cinco indicadores já mencionados e analisados a seguir.

Prazer funcional

Qualquer jogo supõe uma pergunta inicial: vamos jogar? A pessoa convidada é livre para dizer sim ou não. Se disser sim, estará doravante comprometida com a trama do jogo. Se desistir no meio, poderá ser considerada desmancha-prazeres, com todas as conseqüências para as próximas jogadas ou convites. No tabuleiro chamado escola, as crianças só podem ser peças do nosso jogo, ainda que justificado para o bem delas, ou também podem ser jogadores que decidem se querem ou não jogar e, mais que isso, como querem jogar?

Como envolver as crianças nas tarefas escolares? Como ensinar crianças que não desejam aprender? Como ensinar as crianças que não encontram sentido nas tarefas escolares? Por que aprender se os professores não desejam ensinar? Por que aprender se os professores não demonstram saber o sentido das atividades escolares?

Como já lembramos, hoje a educação básica é valorizada para todas as crianças. Na escola seletiva de ontem não era assim. Nela somente ingressavam crianças que preenchiam certos requisitos e somente permaneciam as que atendiam minimamente aos critérios de aprendizagem e de bom comportamento exigidos pela escola. O desejo de aprender e o prazer de realizar atividades escolares não era um problema, e sim um pressuposto nos esforços das crianças e de seus pais para que elas permanecessem e aprendessem na escola. Em uma escola seletiva, o lúdico não é um problema no processo de ensino e de aprendizagem, pois a motivação é externa e condicional.

Em uma escola para todos, há seleção dos alunos, mas esta é ditada mais por limites físicos (incapacidade de a escola atender a todos os que a procuram, tendo em vista limitações de espaço, número de professores, disponibilidade de materiais, etc.) ou por critérios como a questão de ser vizinho da escola. É claro que também há – ou pelo menos deveria haver – uma criteriosa seleção de textos, tarefas, jogos e outros recursos de ensino.

O fato é que, na escola para todos, todas as crianças devem freqüentá-la. É obrigação dos pais levarem seus filhos à escola e cuidarem para que percorram o ciclo da escolarização básica. O que essa questão tem a ver com o nosso tema? Na verdade, a obrigatoriedade escolar levanta o problema do desejo de aprender. Não perguntamos às crianças se elas queriam ser obrigadas a estudar na escola, nem se elas queriam estudar nessa escola, com esses professores, com os recursos e as condições que eles têm para ensinar. E se as crianças não quiserem aprender, nem aceitarem o modo de que a escola dispõe para lhes ensinar?

Escola obrigatória que não é lúdica não segura os alunos, pois eles não sabem nem têm recursos cognitivos para, em sua perspectiva, pensar na escola como algo que lhes será bom em um futuro remoto, aplicada a profissões que eles nem sabem o que significam. As crianças vivem seu momento. Daí o interesse despertado por certas atividades, como jogos e brincadeiras. Nessas atividades, o que vale é o prazer, é o desafio do momento. Depois, serão outros jogos e outras brincadeiras, mas isso não interessa no momento. O que vale é o prazer funcional, a alegria, que muitas vezes também é sofrimento, de exercitar um certo domínio, de testar uma certa habilidade, de transpor um obstáculo ou de vencer um desafio. Em jogos e brincadeiras, as tarefas ou atividades não são meios para outros fins, são fins em si mesmos. Na perspectiva das crianças, não se joga ou brinca para ficar mais inteligente, para ser bem-sucedido quando adulto ou para aprender uma matéria escolar. Joga-se e brinca-se porque isso é divertido, desafiador, promove disputas com os colegas, possibilita estar juntos em um contexto que faz sentido, mesmo que às vezes frustrante e sofrido, por exemplo, quando se perde uma partida ou não se consegue uma certa realização. Em jogos e brincadeiras, as crianças são sérias, concentradas e atentas. Elas não se perdem em conversas paralelas permanecendo interessadas e envolvidas nas atividades. Se não agirem assim, certamente seus colegas irão cobrar-lhes isso, sob pena de serem excluídas ou escarnecidas.

Por que uma criança realiza tarefas e faz atividades? Se pensarmos a pergunta do ponto de vista delas, sobretudo pelo prazer lúdico ou funcional. Ou seja, as crianças mal aprendem alguma coisa e já se dedicam a exercitar ou repetir tal domínio ou habilidade muitas e muitas vezes. Isso se aplica tanto a atividades sensório-motoras (olhar, pegar, balançar, etc.) quanto a atividades simbólicas (ouvir histórias, ler, jogar, brincar).

O espírito lúdico refere-se a uma relação da criança ou do adulto com uma tarefa, atividade ou pessoa pelo prazer funcional que despertam. A motivação é intrínseca; é desafiador fazer ou estar. Vale a pena repetir. O prazer funcional explica por que as atividades são realizadas não apenas como meios para outros fins (ler para obter informações, por exemplo), mas por si mesmas (ler pelo prazer ou desafio de ler). O interesse que sustenta a relação é repetir algo pelo prazer da repetição.

Uma tarefa interessante para a criança é clara, simples e direta (precisa). É realizável nos seus tempos (interno, externo), desafiadora (envolvente), constante (regular) na forma e variável no conteúdo, além de ser surpreendente e lúdica. O fato é que muitas tarefas escolares, do modo como são propostas, são desagradáveis para as crianças. Algumas razões para isso é que o tempo de sua realização é excessivo ou insuficiente. As instruções ou orientações para seu fazer são pouco claras, as tarefas são complicadas, formuladas de forma indireta e confusa. Além disso, os conteúdos são repetitivos e a formulação é irregular e sem sentido para a criança. Sua realização ou demanda é demasiadamente previsível, dependendo de recursos (procedimentos, materiais, etc.) não-disponíveis. São fáceis ou difíceis demais, ou seja, não condizem com o nível e o interesse das crianças. Finalmente, e mais do que tudo, são claramente justificadas por um interesse educacional, que só faz sentido para os adultos, ainda que realizado para o "bem" das crianças.

Desafio e surpresa

Em princípio, qualquer atividade pode ser interessante. Isso depende do modo como é proposta, do contexto, das pessoas, do seu sentido para nós. Quem nunca viu uma criança ou um adulto entretidos em uma atividade que outros consideram maçante e desagradável? Hoje, existem atividades que são mais interessantes do que outras, como, por exemplo, atividades realizadas no computador, realizadas em grupo, em contextos de projetos ou oficinas.

Uma das formas interessantes de promover a aprendizagem ou avaliar é a situação-problema (Macedo, Petty e Passos, 2000; Macedo, 2002). Contextos de projetos ou jogos são prenhes de situações-problema, as quais consistem em colocar um obstáculo ou enfrentar um obstáculo (como no contexto de jogos ou projetos) cuja superação exige do sujeito alguma aprendizagem ou esforço. Algo só é obstáculo para alguém se implicar alguma dificuldade, maior ou menor, que requeira superação. Para isso, é necessário: prestar mais atenção, repetir, considerar algo com mais força, pensar mais vezes ou mais profundamente, encontrar ou criar alternativas. Lúdico, nesse sentido, é equivalente a desafiador, a algo que nos pega por sua surpresa, pelo gosto de repetir em outro contexto. Surpreendente significa que não se controla todo o resultado, que algo tem sentido de investigação, de curiosidade, de permissão para a pessoa dizer o que pensa ou sente, de expressar suas hipóteses.

Possibilidades

Há uma regra de ouro na prática da vida. Na perspectiva do sujeito (criança ou adulto), não se realizam tarefas ou atividades impossíveis. Como tornar possível o impossível? Como realizar os sonhos ou fazê-los compartilháveis por outros? Este talvez seja o maior encanto ou o maior desafio do impossível: criar circunstâncias para sua realização e promover as transformações em si mesmo ou nos outros, ou seja, torná-los necessários e possíveis (Piaget et al., 1985, 1986).

Na perspectiva do sujeito, as atividades devem ser necessárias e possíveis. Necessárias porque, do ponto de vista afetivo, não fazê-las produz algum desconforto, um sentimento de perda, um desejo ou demanda não-satisfeitos. Do ponto de vista cognitivo, se uma atividade é necessária, ela tem de ser minimamente pensável ou realizável, já que ao menos o problema que ela coloca é compreensível para o sujeito. Ele pode não ter as respostas suficientes. Ele pode errar ou se atrapalhar. Os resultados podem não ser os mais satisfatórios frente à demanda para a tarefa, mas algo faz sentido e cria uma demanda. Necessário é o que integra, recupera um "buraco" aberto por uma pergunta, uma demanda. Necessário é o que, em dado momento, não pode não ser feito. Desse modo, assume o caráter de inevitável, de algo que se não for feito gera um sentimento de mal-estar, contradição ou incoerência. Será que alunos e professores sentem que as tarefas escolares são necessárias?

Não basta, por mais importante que isso seja, que uma tarefa ou atividade seja necessária: ela tem de ser minimamente possível. As crianças precisam dispor de recursos internos ou externos suficientes para a realização de toda essa tarefa ou, ao menos, de parte dela. Entende-se por recursos internos as habilidades ou competências para a realização de uma atividade. Se essas habilidades faltarem como requisito mínimo, a atividade ficará prejudicada. Os recursos externos referem-se aos objetos (com o quê?), ao espaço (onde fazer?), ao tempo (quando?) e às pessoas (com quem?). Tarefas impossíveis geram respostas evasivas, desculpas, desinteresse, adiamentos, sentimentos de culpa ou impotência, sonegação de informações, etc. O impossível é lindo como pergunta, como questão que nos acompanha pela vida afora; as respostas devem ser, ainda que provisórias e precárias, necessárias e possíveis. E, mais que isso, devem fazer algum sentido para quem as expressa, principalmente se for uma criança.

O espírito lúdico expressa uma qualidade de transitar ou percorrer os modos – impossível, circunstancial, necessário e possível – do ser das coisas. Se falta o lúdico, pode ser que a ironia, o desinteresse, o ceticismo ou a violência ocupem seu lugar.

Dimensão simbólica

O lúdico, em sua perspectiva simbólica, significa que as atividades são motivadas e históricas. Há uma relação entre a pessoa que faz e aquilo que é feito ou pensado. Quando brinca de casinha, por exemplo, a criança atribui sentido aos objetos que utiliza para montar os cenários, simular pessoas e acontecimentos. Essas narrativas fazem sentido para ela, pois são uma projeção de seus desejos, sentimentos e valores, expressando suas possibilidades cognitivas, seus modos de assimilar ou incorporar o mundo, a cultura em que vive. Dessa maneira, as crianças expressam suas intuições.

Nos primeiros anos de vida, até por volta de sete anos, segundo Piaget, a inteligência é sensório-motora e depois simbólica. No primeiro caso, o prazer funcional expressa-se pela incontável repetição ou infinita exploração dos esquemas de ação, como que para dominá-los pelo uso. A criança não cansa de olhar, tocar, jogar, andar, etc. Pouco a pouco, esses esquemas vão sendo falados, cantados, imaginados e então se tornam mais sofisticados (saltar, correr, realizar movimentos detalhados e complexos) e enriquecidos de histórias, músicas, imagens, imitações que as crianças vão agregando. O lúdico torna-se simbólico e amplifica as possibilidades de assimilação do mundo. Dessa maneira, a criança pode pensar, imaginar ou questionar. Aparecem todos os porquês, as incansáveis perguntas das crianças sobre tantas coisas para as quais nosso conhecimento de adultos nem sempre dá conta de responder. O interessante é que nem mesmo é o caso de responder, porque para a criança trata-se de viver uma problemática, fazer-se questões e dar-se ou ouvir respostas que logo serão esquecidas ou substituídas por tantas outras. Essa dimensão lúdica é fundamental, pois marca uma nova forma de se relacionar com o mundo: pela via do conceito, da imaginação, do sonho, da representação, do jogo simbólico.

É pena que na escola fundamental e, às vezes, até na escola de educação infantil não demos tanto valor para os esquemas lúdicos das crianças. Rapidamente lhes impomos aquilo que constitui nossa principal ferramenta de conhecimento e domínio do mundo: os conceitos científicos, a linguagem das convenções e os signos arbitrários, com seus poderes de generalidade e abstração.

Como resgatar o sentido lúdico nas atividades escolares para as crianças? Propostas, por mais importantes que sejam, que não têm história, ou seja, que não têm um correspondente pessoal ou grupal, não fazem sentido para as crianças. Por isso, geram desatenção, desinteresse ou são motivos para chacotas e piadas. O simbolismo lúdico significa que aquilo que se faz tem um correspondente, qualquer que seja ele, para a criança. São como metáforas ou metonímias para ela. Metáforas no sentido de que o A que vivenciam ocupam o lugar de B. Em outras palavras, as atividades que realizam são interpretáveis porque correspondem minimamente a algo que faz sentido, que corresponde a algo da experiência das crianças, que pode ser intuído por sua importância ou valor. Metonímia no sentido de que uma parte remete-nos ao todo. Uma parte ocupa o lugar do todo.

A escola trabalha muito com conceitos e classificações. Sabemos que conceitos e classificações são muito poderosos no mundo do conhecimento, pois são ferramentas gerais que nos possibilitam encaixar os particulares como coisas conhecidas. Quando dizemos casa, por exemplo, podemos estar classificando uma casa particular a algo geral, uma casa qualquer. Assim, o desconhecido, o singular, o único (a nossa casa, a casa onde moramos).

Expressão construtiva

Propomos como último indicador a dimensão construtiva da atividade lúdica. Um dos aspectos que caracterizam essa dimensão é o desafio de considerar algo segundo diversos pontos de vista, dada sua natureza relacional e dialética. Assim, faz parte do lúdico um olhar atento, aberto, disponível para as muitas possibilidades de expressão. Lúdico combina com a idéia de errância, uma disponibilidade tão importante nos dias de hoje. Errante refere-se, por exemplo, diante de um livro, ao olharmos para a capa, para o título, para o nome dos autores, para o sumário, depois pularmos para a bibliografia, darmos uma olhada em um ou outro capítulo. Tudo isso sem uma ordem predefinida. Apenas para ver, para se deixar entregar à lógica do texto, às suas características. É como se fosse um passeio desejado, mas não premeditado nem submisso a um roteiro rígido. É lúdico porque entregue ao prazer funcional de uma leitura que, nesse momento, basta-se a si mesma, que apenas quer entrar em contato com uma obra, disponível para as muitas possibilidades de suas formas de ser.

A errância é uma forma curiosa, atenta, porém aberta, de fazer alguma exploração. Refere-se a uma dimensão construtiva, a qual implica uma relação múltipla, que ora considera um aspecto, ora considera outro, ora observa a forma, ora o conteúdo, ora o tema, ora as imagens, sabendo que tudo isso faz parte de um mesmo todo. É possível que depois o mesmo livro tenha de ser estudado, tenha de ser aprofundado em muitos aspectos de seu conteúdo, tenha de ser resumido ou criticado. Contudo, essa segunda forma de relação não impede nem desmerece a primeira. Na segunda forma, a leitura é um meio para outro fim; na primeira, a leitura é um fim em si mesmo. São duas práticas interdependentes, pois a leitura lúdica – antes, depois e mesmo durante uma leitura instrumental – resgata e sustenta o prazer funcional da leitura.

É o caso, por exemplo, da construção de uma casa. Uma primeira forma de relação a ser considerada é entre os diversos componentes que permitem a construção das paredes ou do telhado. Água, tijolo, cal, cimento, ferro e outros materiais precisam ser reunidos de uma certa forma e em uma certa proporção. No entanto, uma casa é mais do que sua constituição física. Devemos pensar também nas pessoas que vão morar nela, em seus costumes, em suas necessidades, nos espaços que podem ocupar. Há igualmente um terceiro ponto, solidário com os outros dois: uma casa está construída sobre um terreno que pode ser plano ou inclinado, pantanoso ou cheio de pedras, voltado para a direção do sol, da chuva, dos ventos. Há ainda um quarto ponto: uma casa deve considerar as casas vizinhas, a rua ou parte da cidade ou do campo onde será construída. São, portanto, vários aspectos a serem levados em conta ao mesmo tempo. A dimensão lúdica desse processo refere-se ao modo leve, curioso, investigativo, atento, planejado, que estuda possibilidades, revê posições, imagina estratégias, pensa alternativas antes, durante e depois do processo construtivo propriamente dito da casa.

O segundo aspecto que caracteriza a dimensão construtiva do lúdico é o fato de que uma construção, qualquer que seja ela, tem uma direção, um sentido, um foco, um destino. A errância não se faz de qualquer jeito, mas tem um objetivo, uma meta, que se cumpre, ainda que de forma errante. Uma casa, além de todas as relações que mencionamos, precisa ficar pronta. Por isso, entende-se a alegria que sentimos quando o terreno fica limpo, quando as fundações estão completas, quando as paredes são erguidas, quando são fixadas as lajes, etc. Todos esses passos são indicadores de que a casa está ficando pronta e de que aquilo que se queria construir está sendo realizado. O mesmo vale para a exploração de um livro: pouco a pouco ela se esgota, ou nos desinteressamos dele, ou um outro tipo de relação é solicitada.

Em síntese, uma construção supõe ao mesmo tempo a consideração do conjunto de relações ou pontos de vista que a constituem, mesmo que minimamente, e uma referência ou direção. O lúdico refere-se a uma atitude que possibilita diferenciar e integrar esses dois aspectos. Dessa maneira, a construção supõe prazer funcional, enfrentar e superar desafios, tornar possível e jogar com significações. Se a dimensão lúdica pode estar presente e animar nossas formas de fazer isso, então podemos ser criativos e fazer as coisas de modo melhor, mais saudável e com mais sentido.

Pega-Varetas: fatores que interferem na aprendizagem

2

A prática no atendimento a crianças em idade escolar tem mostrado que acontecem muitos "ruídos" na aprendizagem, identificados como interferências negativas no processo de comunicação dos conteúdos e procedimentos ensinados e aprendidos. Este capítulo apresenta uma análise de alguns aspectos que constituem esses "ruídos". Uma preocupação crescente de pais e professores refere-se à indisciplina de seus filhos ou alunos (na escola ou fora dela), e observa-se que essa é, muitas vezes, conseqüência de uma confusão entre o que é falta de limite e o que expressa, de fato, uma dificuldade de aprendizagem. Refletir sobre esses temas pode contribuir de maneira significativa para melhor compreender e gerir o cotidiano da sala de aula.

Para ilustrar essa discussão, foi escolhido o jogo Pega-Varetas (Rabioglio, 1995), muito trabalhado com as crianças atendidas no Laboratório de Psicopedagogia (LaPp) do Instituto de Psicologia da USP, em um contexto de oficinas[1] cujo enfoque é desenvolver atitudes favoráveis à aprendizagem do ponto de vista cognitivo e social. Esse jogo, bastante conhecido, é divertido e adaptável para diferentes faixas etárias. Seu desafio é fazer o maior número de pontos por meio da coleta de varetas. Para tanto, o jogador deve soltar um maço composto por 41 varetas coloridas (amarelas, vermelhas, verdes, azuis e uma preta), sendo que cada cor vale um número de pontos determinado. Deve-se capturar uma a uma, sem mover as demais e, quando isso ocorre, o jogador conta seus pontos e passa a vez para outro. Jogar bem, portanto, requer organização e planejamento, respeito às regras, atenção e antecipação das ações, aspectos fundamentais para o êxito.

---

[1] O atendimento às crianças é desenvolvido em parceria com Valquíria Carracedo, mestre em Pedagogia do Movimento Humano pela Escola de Educação Física e Desporto da USP, e Gisele Escorel de Carvalho, especialista em atendimento a alunos com dificuldade escolar.

FIGURA 2.1 Criança soltando o maço de varetas para iniciar sua jogada.

O trabalho com jogos, no que se refere ao aspecto cognitivo, visa a contribuir para que as crianças possam adquirir conhecimento e desenvolver suas habilidades e competências (Perrenoud, 2000; Macedo, 2002). O ponto de partida é o jogo em si e a meta é melhorar o desempenho escolar em termos de notas, produção e compreensão de conteúdos. Conquistar um *status* de bom jogador exige uma organização que pode ser expressa por ações como mobilizar recursos, coordenar informações, enfrentar problemas e vencê-los (Macedo, Petty e Passos, 2000). Este é o desafio de quem joga e também dos estudantes. Uma situação de jogo qualquer sempre apresenta o material, as regras e o objetivo como informações para todos que dela irão participar. No entanto, as estratégias e os meios definidos pelos jogadores para realizarem suas ações ao jogar os diferenciam e, desse modo, quem consegue pensar melhores jogadas, trabalhar com hipóteses, levar em consideração suas possibilidades e as do adversário, coordenando-as simultaneamente, tem mais condições para vencer. Ao jogar Pega-Varetas, por exemplo, uma criança precisa observar, a cada captura, todas as varetas vizinhas àquela que pretende resgatar. Essa simples ação é conseqüência de várias outras: considerar as regras, prestar atenção a elas, observar a configuração do maço espalhado na mesa e os diferentes pontos de contato entre as varetas e, só então, tomar uma decisão, escolhendo a melhor. Indo além, significa analisar todas as possibilidades, organizar as ações e resolver aquele problema.

FIGURA 2.2 Criança observando os pontos de contato entre as varetas.

E qual a relação com a escola? Aos olhos de muitos alunos e professores, nenhuma. Contudo, nossa experiência no LaPp (Macedo, 1996; Petty, 1995; Macedo, Petty e Passos, 1997, 2000) tem mostrado que as atitudes e as competências desenvolvidas ao jogar vão tornando-se "propriedade" das crianças, caracterizando um conjunto de ações adequadas à atividade proposta. Como conseqüência, podem ser transferidas para outros meios, e é isso que tem acontecido com nossos alunos. Eles passam a ter um outro posicionamento diante de desafios, sejam de natureza lúdica (situação de jogo), sejam de natureza escolar (aprendizagem de conteúdos). Mas a passagem não é automática: esse posicionamento favorável à aprendizagem não é facilmente transposto para cumprir tarefas escolares, já que estas nem sempre são tão divertidas ou desafiadoras quanto as situações-problema que enfrentam jogando e sendo questionados. É fundamental um trabalho de intervenção por parte do profissional que acompanha as partidas, propõe desafios, pede análises, enfim, instiga à reflexão e também ajuda os alunos a perceberem semelhanças entre os contextos do jogo e da escola. Atuar dessa forma enaltece dois aspectos essenciais do conceito de avaliação formativa (Perrenoud, 1998): a observação e a regulação, ou seja, dedicar atenção ao objeto estudado e antecipar ou pré-corrigir erros (Macedo, 2002). Sem a constante presença do adulto, o jogar fica restrito ao seu uso comum (já muito aproveitado pelas crianças espontaneamente!) e o contexto escolar fica reduzido à sua má fama. Assim sendo, os procedimentos de intervenção realizados ao longo do trabalho com jogos atuam como desencadeadores de competências despercebidas pelos alunos, o que colabora para modificar a qualidade da participação nas atividades escolares.

Do ponto de vista social, jogar é um convite à descentração, quando se tratam de jogos regrados, pois a regra é um regulador das ações, algo previamente combinado, conhecido por todos e, portanto, compartilhável. As crianças que têm dificuldade de considerar a regra como um contrato social ainda estão muito centradas em si mesmas: querem resolver as situações ou realizar conquistas guiadas por desejos e imediatismo, negando as restrições que fazem parte desse contexto (sejam o outro, as regras ou os próprios materiais). Em geral, crianças pequenas agem assim, e isso é considerado admissível por fazer parte de seu desenvolvimento. A construção da regra é um processo lento e gradual, sendo que a subordinação voluntária a ela é o ponto de chegada. Aliás, de acordo com nossa prática, observamos que as crianças que de fato gostam de jogar apreciam justamente a existência das regras como o grande desafio a ser considerado no decorrer das partidas. No entanto, vemos muitas delas, com mais de sete anos, pensar as relações com pessoas, jogos e certas situações escolares, por meio da adoção de regras muito pessoais como referência. Tal fato pode ser preocupante se perdurar e requer intervenções dos adultos no sentido de ajudar essas crianças a conquistar uma nova forma de se relacionar e agir. O trabalho com jogos oferece um rico arsenal de possibilidades, contribuindo para a construção de relações sociais cuja direção é aprender a considerar limites e agir de forma respeitosa com as pessoas. Ao jogar Pega-Varetas, por exemplo, a criança aceita voluntariamente as regras, sem as quais o jogo não acontece. Nem sua vontade nem suas imposições têm valor nesse momento. Se não obedecer, por exemplo, à condição imposta para o resgate de varetas (não mexer nenhuma outra), perde a vez e deixa de aumentar sua pontuação. Perder o jogo ou romper com a regra são ações desfavoráveis, não sendo interessante adotá-las. Todavia, jogar de acordo com as regras não significa tolher a criatividade; ao contrário, o grande desafio é justamente criar estratégias nesse contexto regrado. A contribuição do jogar para a criança é, portanto, possibilitar o exercício de se subordinar a condições externas, conhecidas e consentidas. Resumidamente, a regra supõe respeito, o qual implica necessariamente disciplina, obediência, entrega, referência e reconhecimento.

RUÍDOS NA APRENDIZAGEM: ENFRENTAR DIFICULDADES *VERSUS* TRANSPOR LIMITES

Uma importante questão a ser analisada é: como reconhecer, nas ações das crianças, indícios que expressem dificuldades de aprendizagem, e não indisciplina? Uma saída possível, freqüentemente adotada por nós, é observar a produção de erros e tentar distinguir aqueles que são fruto de cansaço e desinteresse, muitas vezes interpretados como "mau" comportamento, daqueles que realmente representam uma impossibilidade – ainda que momentânea – de compreender e realizar com sucesso uma tarefa. Em outras palavras, para eliminar esses "ruídos", os alunos devem aprender como transpor limites para vencer os múltiplos desafios da vida de estudante.

Identificação do problema

Um desafio ao professor, na perspectiva da aprendizagem, é descobrir os motivos que geram baixo rendimento em termos de notas e aquisições. Nesse caso, utilizamos situações com jogos para uma avaliação de desempenho. Um professor que observa partidas e está atento às formas de jogar de seus alunos tem boas condições de avaliar suas competências e dificuldades, ajudando-os a identificarem a origem do problema. O mesmo vale para a sala de aula: um professor que, de tempos em tempos, dedica-se a fazer um levantamento dos tipos de erros mais freqüentes produzidos pelos estudantes, perguntando como pensaram para resolver determinado problema, poderá conhecer melhor suas hipóteses e sua maneira de raciocinar.

Focar somente sobre o produto final não ajuda o aluno a compreender e superar suas limitações. Assim, faz-se necessário ampliar o olhar sobre a situação, buscando diferentes explicações para o mesmo resultado. Ao analisar uma partida de Pega-Varetas, é possível afirmar que "baixo rendimento" corresponde a fazer poucos pontos, o que muitas vezes significa que o jogador errou logo que começou a jogar. Nesse momento, é possível levantar algumas hipóteses sobre o porquê dos erros produzidos:

a) a criança não dominou as regras;
b) não prestou atenção ao jogo;
c) tentou jogar da melhor maneira, mas não conseguiu acertar.

No primeiro caso, podemos citar alguns exemplos, tais como pegar mais de uma vareta ao mesmo tempo, pegar uma vareta que se encontra sob muitas outras ou, ainda, resgatar a vareta preta sem ter pelo menos uma vareta de cada cor. É fundamental retomar as regras com a criança, pontuando o erro produzido e indicando soluções possíveis para evitá-lo nas próximas vezes.

No segundo caso, uma criança que supostamente não prestou atenção pode executar ações como: não observar a configuração espacial das varetas antes do primeiro resgate; focar somente a parte livre de uma vareta, "esquecendo-se" de verificar se havia pontos de contato; ou escolher aleatoriamente a forma de resgate, pegando a vareta de qualquer jeito. É interessante retomar o momento, convidando-a a rever suas ações e analisar o contexto. Em uma próxima partida, o adulto também pode ajudar nessa análise, questionando o que a criança deve fazer antes de iniciar suas ações.

No terceiro caso, é necessário explicitar o reconhecimento do esforço realizado pela criança, compartilhando com ela a complexidade da situação e incentivando a exploração de novos movimentos, que eventualmente possam reverter em resultados mais favoráveis. Algumas ações dão indícios das boas escolhas, apesar do erro produzido, como, por exemplo, a criança puxa a vareta vagarosamente, mas sua mão treme; a criança explicita seus planos de resgate ("Primeiro, vou pegar as varetas que estão longe e depois as soltas, que estão embaixo das outras"), porém esbarra em uma vareta; ou ainda arrisca um resgate difícil com uma meta definida (pegar a cor que falta para conseguir a preta, que está acessível), mas não consegue. Cada situação exige uma análise cuidadosa dos indicadores que apontam para a causa do insucesso da ação realizada pela criança. Compreender como ela age e enfrenta desafios, ainda que por pequenos recortes, pode servir como referência para elaborar intervenções mais pontuais e eficazes.

Busca de sentido

Nossa prática tem mostrado que, muitas vezes, a dificuldade de lidar com algumas situações do contexto escolar é conseqüência de propostas que não

FIGURA 2.3 Criança registrando e contando seus pontos na partida.

fazem sentido para as crianças, ou seja, elas não conseguem ver mais longe do que o aqui-agora e não se sentem mobilizadas para realizar tarefas, o que as impede de produzir bons resultados. Em uma palavra, geralmente consideram desnecessário aprender algo cuja aplicação não é imediata. Por um lado, elas têm razão. Por outro, nem sempre é possível propor atividades tão centradas no presente. Assim sendo, os jogos podem constituir um excelente instrumento para ajudar nossos alunos a se envolverem em projetos que representem situações significativas e que, simultaneamente, darão subsídios e/ou suporte para acontecimentos futuros.

Sabemos o quanto antecipar a conseqüência de uma ação é essencial em diferentes momentos da vida, mas a criança não sabe disso nem tem condições para compreender totalmente essa dimensão. Jogando Pega-Varetas, ela aprende que pensar antes de agir e planejar suas ações é necessário para obter bons resultados, compreendendo melhor o conceito de antecipação em um contexto prático. Então, a ação de jogar, acompanhada de uma conversa sobre a importância de pensar antes de fazer, pode ser bastante frutífera.

Há muitas outras situações que ilustram a importância dos temas que os adultos enfatizam com as crianças e que, por conseqüência, atribuem sentido a esses temas. Aprender com o outro, tomá-lo como referência, comparar desempenhos e compartilhar formas de pensar são assuntos amplamente tratados em sala de aula. No entanto, as crianças acabam extraindo pouco conteúdo disso, por permanecer uma conotação apenas competitiva, ou seja, a sensação de que o outro sempre consegue mais e é melhor. Discutir a respeito das relações estabelecidas no contexto do jogo pode transformar esse olhar competitivo em uma situação de aprendizagem. Por exemplo, propor observar outro colega jogando, como movimenta seu corpo, em que ordem resgata as varetas, que comentários faz, ensina novas formas de atuação para conquistar mais pontos. O professor pode ampliar essa discussão estabelecendo relações entre a situação de jogo e o contexto da sala de aula, fazendo com que as crianças identifiquem semelhanças em termos de atitudes aprendidas no jogo e tentando aplicá-las também em situações do cotidiano escolar. Com isso, trocar experiências, contar como resolveram certos desafios e descobriram a solução de algum problema passa a ter mais sentido e pode acontecer de maneira mais espontânea.

Tentar novamente, insistir e suportar a frustração de não conseguir realizar algo na primeira tentativa também são aspectos constantes na fala dos adultos. As crianças não se apropriam de fato desses conselhos, porque a necessidade não lhes pertence: os adultos querem que refaçam uma tarefa e insistam em aprender, mas persistência e investimento são atitudes que deverão construir ao longo de sua vida escolar, o que requer compreensão e vivência de sua importância. Elas não vêem sentido nisso, pois não sabem ainda o quanto é preciso investir e desejar algo para conquistá-lo. No Pega-Varetas, tal conscientização acontece a partir da prática. Por exemplo, para aprender os melhores movimentos de resgate, são necessárias muitas tentativas, e essa persistência acaba sendo compreendida como uma exigência "natural" da própria atividade, o que lhe confere todo o sentido. Resumidamente, do ponto de vista das crianças, a ação de jogar em si é significativa, o que justifica seu valor e envolvimento. Do ponto de vista profissional, a ação de jogar é meio para se trabalhar a construção, a conquista ou a consolidação de determinados conteúdos, atitudes e competências. Trabalhar conceitos abstratos por meio de situações ilustrativas é um recurso interessante e ajuda os alunos a encontrarem sentido nas exigências e demandas escolares.

Autoconhecimento

Em nossa experiência, constatamos que há uma correspondência entre as dificuldades que as crianças apresentam no jogo e na escola. Alunos cuja queixa refere-se à interpretação de textos, à produção de respostas coerentes e à resolução de problemas, isto é, a dificuldades para coordenar simultaneamente diversas informações, também apresentam essa conduta no contexto do jogo. No Pega-Varetas, por exemplo, desconsideram a necessidade de interpretar a configuração das varetas espalhadas, observando de modo parcial ou incompleto o contexto, sendo que uma jogada bem-sucedida exige a análise de todas as varetas. Em ocasiões como essas, o trabalho de intervenção é essencial a fim de propor uma avaliação da conduta da criança como jogador. Dessa forma, ela vai aprendendo a aguçar o olhar sobre o que está produzindo, encontrar seus erros, perceber acertos e criar novas possibilidades de ação. A conseqüência de tal análise faz com que possa ampliar o conhecimento sobre si mesma, aprendendo a buscar recursos próprios, discriminar o que sabe e em que precisa de ajuda. No início, isso fica mais restrito ao jogo, mas é fundamental fazê-la observar o quanto essas condutas são semelhantes às desempenhadas em situações escolares, visando a estabelecer um paralelo entre os contextos. Assim, os resultados desse trabalho podem ser expandidos para o âmbito escolar.

RUÍDOS NA APRENDIZAGEM: FALTA DE LIMITES *VERSUS* RESPEITO AOS LIMITES

Profissionais que atuam na área da educação enfrentam o constante desafio de construir com seus alunos condições favoráveis à aprendizagem; porém, o mau comportamento é um dos grandes empecilhos para o trabalho fluir progressivamente. Dito de outra maneira, é necessário aprender a identificar e respeitar os limites das diferentes situações cotidianas para que o desempenho do professor e dos alunos aconteça de modo satisfatório. Considerando um panorama de condições adversas, pode-se supor que algumas dificuldades do ponto de vista disciplinar cresçam e constituam, de fato, obstáculos para o professor atingir plenamente seus objetivos. Por exemplo, alunos conversando entre si, saindo de seus lugares e provocando os colegas transformam a sala de aula em um ambiente dispersivo e desfocado. Em um contexto como esse, pode-se observar que as crianças estão atentas a muitos estímulos ao mesmo tempo, e isso faz com que sejam classificadas como desatentas. Em parte, é verdade, mas a contrapartida é que estão prestando atenção em assuntos alheios à aula. A conseqüência dessa falta de foco produz, na perspectiva das crianças, notas baixas, nível de aproveitamento inferior ao desejado e sentimento de impotência. Os professores também se sentem impotentes e acabam impondo restrições cada vez mais severas. Nesse sistema, como em um círculo vicioso, ocorre insatisfação e os resultados não representam o empenho nem o potencial dos envolvidos. O desafio, então, é fazer as crianças conscientizarem-se de seu papel de aluno, focando os conteúdos e abrindo mão, ainda que momentaneamente, de outros interesses. Uma pergunta que pode surgir é: qual a contribuição do jogar para lidar com esses problemas? Qualquer situação de jogo faz com que a criança enfrente pelo menos três desafios: trabalhar sua autodisciplina, reconhecer a autoridade (no mínimo) da regra e comportar-se adequadamente.

Autodisciplina

A construção de um ambiente "disciplinado" e a ação de jogar impõem a autodisciplina como um fator determinante. Para participar de uma partida de Pega-Varetas, por exemplo, é necessário desenvolver sistemas de controle internos, o que implica aprender a esperar a vez, observar o que o outro está fazendo e obedecer às regras, tendo uma participação contínua mesmo quando não é sua vez de resgatar varetas. Esse sistema de controle interno é uma construção da própria criança, mas o adulto precisa ajudá-la a lapidar suas ações, acompanhando-a e dando-lhe subsídios para poder criar um "contentor" que identifica e qualifica sua atuação nos diferentes contextos. Em outras palavras, a internalização da importância de desenvolver uma autodisciplina é um processo por meio do qual a criança vai gradualmente compreendendo a necessidade desse limite, adotando-o como recurso a seu favor, inerente à situação (do jogo ou outra qualquer), e não como algo a ser combatido. Há um movimento de fora para dentro em um primeiro momento, sendo o adulto responsável por isso. Com o tempo, a própria criança vai auto-regulando-se, atuando em favor desse controle por perceber os benefícios que pode tirar. Em uma situação como o jogo Pega-Varetas, também é possível ilustrar como se expressa a autodisciplina: controlar os movimentos que realiza ou controlar o desejo de resgatar a vareta preta não significa bani-los, mas dominar impulsos, saber impor-se um comando e conseguir adiar um desejo para obter melhores resultados. Que prazer teria um jogador que resgatasse todas as varetas ao mesmo tempo? O respeito aos limites, impostos pelas regras, dá um "colorido" ao desafio do jogo. Reconhecer esse "poder" da autodisciplina como fruto de uma ação intencional, subordinada a um objetivo maior, é motivo de muita satisfação, e só quem o conquista sabe o sabor que tem e o valor de continuar tentando agir assim em diferentes ocasiões! Nesse sentido, vemos nos jogos um importante instrumento para trabalhar com alunos que têm dificuldade de conquistar uma autodisciplina e, principalmente, de reconhecê-la como recurso a seu favor na vida, e não só como estudante.

Reconhecimento de autoridades

Todo profissional sabe o quanto é importante colocar-se em sala de aula como autoridade que deve ser respeitada e reconhecida por seus alunos. Acontece que, muitas vezes, o título de professor não vem carregado por bons atributos na visão dos estudantes: são considerados chatos, impacientes, "conteudistas", agem com desrespeito, não ensinam bem, etc. Independentemente de concordarmos ou não com os motivos geradores desse desvio, o fato é que esse lugar precisa ser conquistado quando o professor entra em contato com um novo grupo, devendo ser permanentemente mantido e cuidado. Há pelo menos duas maneiras para que essa conquista aconteça: pela imposição e pelo exercício do autoritarismo, ou pela construção de um ambiente que valorize trocas recíprocas e respeito mútuo, sendo *sempre* o professor quem lidera e coordena a gestão da sala de aula.

Segundo Piaget (1977), existem duas morais: a heterônoma e a autônoma. A heteronomia baseia-se no respeito unilateral, sendo uma relação de diferença entre pessoas, e expressa-se mais freqüentemente entre adulto e criança. A autonomia, por sua vez, baseia-se no respeito mútuo, no qual as regras são os reguladores das relações, sendo constituídas em comum acordo. Muitos profissionais e educadores, concordando com Piaget, destacam a importância da pressão externa à criança no processo de construção de seus princípios morais, enfatizando o papel fundamental de pais e professores para ensinar valores e estabelecer limites. Se é assim, parece haver uma grande distância entre as duas morais. Como, então, percorrer esse caminho em direção à autonomia? De La Taille (2000) analisa três tipos de educação: autoritária, por ameaça da retirada de amor e elucidativa. Uma é constituída a partir de imposições dos adultos, coação e impossibilidade de argumentação, a outra se baseia na chantagem emocional e na culpa e a terceira valoriza a explicação, cujo objetivo é fornecer elementos para a compreensão dos motivos que geram a necessidade de haver limites. Esta última, portanto, não exime o sujeito de conviver em um ambiente regrado, mas visa a dar mais condições de se apropriar do sentido de sua existência e das conseqüências de se negligenciar sua importância, fornecendo informações que permitem ao sujeito analisar racionalmente cada situação. Dentre os três tipos de educação apresentados, a elucidativa poderia ser considerada a mais eficiente para ajudar a criança a construir uma autonomia de pensamento, colocando-a em contato com regras e limites, sem os quais a vida em sociedade fica comprometida e desorganizada.

O trabalho com jogos pode ajudar bastante na conquista de uma relação de reciprocidade. A regra do jogo regula as ações, determinando o que pode ou não ser feito, com vistas a definir claramente os objetivos e dar condições iguais aos oponentes como ponto de partida. Assim, vence aquele que desenvolve melhores estratégias. É comum observar crianças com dificuldade em aceitar os limites de seu cotidiano, expressando tal comportamento também no contexto de jogo, mesmo que gostem das propostas. A diferença é que, em geral, nas situações de jogo elas querem melhorar, ou sabem com mais clareza que burlar as regras significa exclusão da partida ou invalidez dos resultados. É no decorrer desse processo que vamos convencendo as crianças de que são capazes de encontrar novos caminhos para jogar melhor, buscando outros recursos e conseguindo, assim, "fisgá-las", mostrando-lhes possíveis saídas para atitudes que, muitas vezes, até querem mudar e não sabem como. No jogo, o jogador confia nas regras e sabe que elas existem não para prejudicá-lo ou excluí-lo. E ele também pode confiar no professor? Como conquistar esse espaço em que a palavra tem valor? O que fazer para os alunos acreditarem que certos conteúdos lhes serão úteis mesmo sem conseguirem vislumbrar isso no momento atual? Se o professor é uma autoridade consentida e reconhecida pelos alunos, a resposta é quase simples: ele ensina e os alunos aprendem – nem que seja o mínimo. Os meios e as circunstâncias variam, mas alguns professores contam que, quando conseguem coordenar com sucesso o cotidiano da sala de aula, considerando os pontos antes mencionados, seus alunos "rendem-se" aos conteúdos, apesar de todas as adversidades. E enfrentá-las faz parte da arte de ser professor!

Em síntese, a autoridade é um conceito, muitas vezes, constituído mais lentamente em ambientes cuja história da relação professor-aluno teve elementos autoritários. Se a criança considerar a ameaça e a punição como recursos que definem a autoridade, levará um tempo para modificar esse conceito e entender que existem outras formas de se relacionar com seus professores, por meio de diálogos combinados e cooperação para o desenvolvimento dos projetos do grupo. Nossa experiência tem mostrado que persistir na construção desse ambiente regulado por relações cooperativas opera verdadeiros milagres em grupos de alunos, até mesmo aqueles considerados rebeldes e indisciplinados.

Comportamento "adequado"

Existem ações e atitudes que expressam comportamentos que combinam em maior ou menor grau com o ambiente e com as expectativas sociais, e as

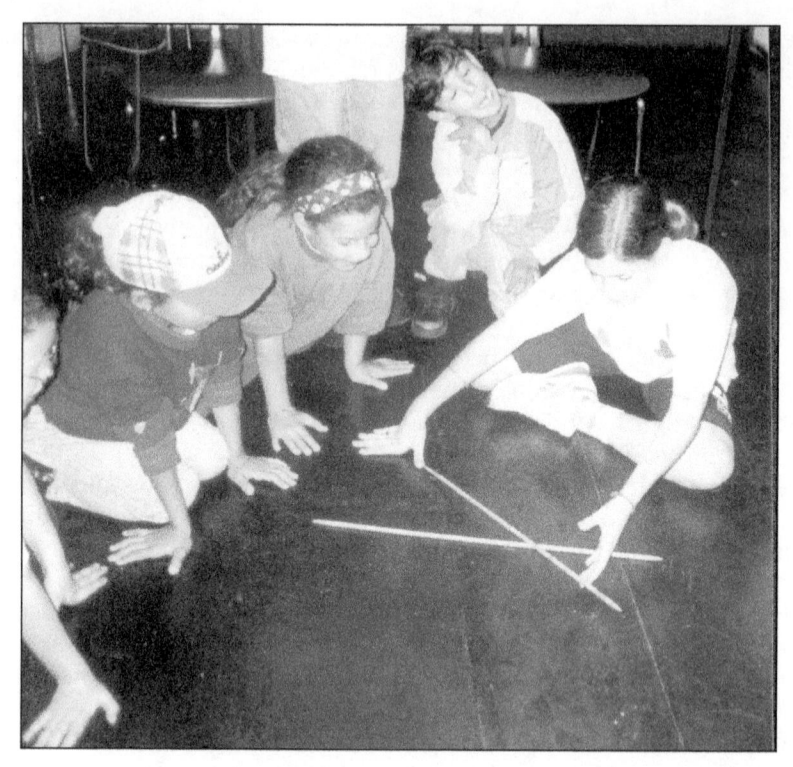

FIGURA 2.4 Crianças bastante envolvidas no jogo e atentas à ação da jogadora da vez.

conseqüências de agir contrariamente a elas também variam. Por exemplo, os modos de vestir-se, falar, comportar-se e movimentar-se podem interferir favorável ou desfavoravelmente nas relações. Ao observar crianças jogando Pega-Varetas, é possível identificar alguns dos aspectos mencionados: se o jogador precisa sentar-se no chão, sua roupa deve permitir; se gritar no momento em que seu colega for apanhar uma vareta "difícil", poderá atrapalhá-lo; se pisar nas varetas, pode quebrá-las; se não posicionar sua mão ou seu dedo sobre a vareta que deseja pegar, poderá mexer outras; se o jogador "atira-se nas varetas", perde a chance de resgatar um maior número delas e de observar melhor a configuração. Esse conjunto de ações adotadas pelo jogador influenciará diretamente em seu desempenho.

A avaliação da situação e a decisão do que fazer tem conseqüências logo dominadas, porque vivenciadas no contexto do jogo. Assim, vemos que as crianças vão regulando suas ações em função de resultados muito imediatos. E como isso acontece na sala de aula? Que condições os alunos têm de identificar as ações esperadas por seus professores? Observamos que é comum as crianças não saberem ou não terem clareza do que seriam os "comportamentos adequados" nas diferentes situações de seu cotidiano. Por exemplo, o conceito de "bom aluno" é subjetivo e, portanto, de difícil compreensão por parte das crianças, principalmente das que estão no início do ensino fundamental. Elas pensam que se deve ficar quieto e tirar notas boas. Mas como fazer isso? Como ficar quieto? O que é preciso fazer para tirar notas boas? O professor pode ajudar seus alunos a concretizarem esse conceito, explicitando o conjunto de ações que o definem. O contexto do jogo pode facilitar essa tarefa, desde que se estabeleça um paralelo entre as ações das crianças como jogador e aluno (Tabela 2.1).

Quanto mais essas ações forem compartilhadas e traduzidas, melhores condições os professores darão aos alunos de agirem adequadamente, segundo seus conceitos e suas expectativas. Assim, estabelecer relações entre jogar e atuar como estudante pode contribuir para compreender melhor qual a impor-

TABELA 2.1 Critérios para análise de procedimentos e atitudes

Bom jogador	Bom aluno
Ganhar o jogo.	Passar de ano.
Fazer o maior número de pontos.	Tirar boas notas.
Observar a configuração das varetas espalhadas.	Olhar as tarefas do dia na agenda, ou atender às solicitações do professor.
Planejar as ações.	Planejar as ações.
Decidir a primeira vareta a ser pega.	Decidir que lição fazer primeiro.
Definir os critérios de resgate (primeiro as mais soltas, depois as com um contato apenas, etc.).	Definir os critérios de estudo (primeiro as lições de amanhã e as mais difíceis, pedir ajuda depois de tentar, etc.).
Analisar as possíveis formas de pegar cada vareta e escolher a preferida (preensão, alavanca, rolamento, etc.).	Analisar as formas de estudar que prefere (ler, sublinhar, escrever resumos, etc.).
Observar atentamente o ambiente do jogo e as ações dos adversários.	Observar o ambiente da sala de aula e as ações do professor e dos colegas.
Aprender com as jogadas alheias: as táticas, os erros a serem evitados.	Aprender com as dúvidas dos outros, ouvir, fazer perguntas.
Participar mesmo quando não é sua vez de resgatar as varetas.	Participar mesmo quando não está falando.
Saber o que está acontecendo, acompanhar o jogo.	Saber o que está acontecendo, acompanhar a aula.

tância de construir e conquistar atitudes adequadas e, portanto, favoráveis ao bom desempenho. Dizer "adequado" não significa ser cordato o tempo todo ou acertar sempre, mas sim atuar com tolerância, valorizar o diálogo e promover a argumentação, em vez de uma briga, por exemplo. Também não significa ser passivo e submisso, mas aprender a olhar em volta e analisar o que deve ser feito a favor da aprendizagem e da construção do conhecimento. Em resumo, "adequado" significa estar atento e realizar permanentemente um trabalho de interpretação do contexto, o que propicia uma participação harmônica no grupo sem, no entanto, perder o estilo próprio e a autenticidade.

CONSIDERAÇÕES FINAIS

Neste ponto, ainda podemos perguntar: a quem se atribuem os insucessos relativos à relação professor-aluno ou aluno-aprendizagem? Nosso objetivo não é definir o culpado, mas procurar encontrar soluções, já que esse quadro pode ser analisado sob diferentes perspectivas. Não se trata, então, de focar sobre *quem*, mas sobre *como*. Poderíamos analisar longamente as questões que circundam esse assunto, desde a estrutura institucional até o caso de uma criança em particular. No entanto, isso não garante compreender o que está acontecendo e, principalmente, não ajuda a direcionar algumas ações em prol da conquista de um ambiente de trabalho mais cooperativo e produtivo. Temos observado que, em um contexto de atividades com jogos e resolução de situações-problema ou desafios, as crianças colaboram bastante para o ambiente da sala de aula ficar mais favorável ao desenvolvimento do trabalho: envolvem-se com maior facilidade, prestam mais atenção, divertem-se aprendendo e pensando. Então, é preciso jogar sempre para conseguir que as crianças decidam aprender? Tudo deve ser transformado em jogo? Por um lado, a resposta é negativa. Aprender não é o mesmo que jogar, não é brincadeira! É algo sério, exigente, comprometido, que exige empenho e investimento. Para aprender, a criança precisa trabalhar ativamente, com intensidade e afinco. É uma construção "de dentro para fora", embora nós, como o elemento "de fora", tenhamos uma importantíssima contribuição para instigar sua curiosidade e acolher suas inseguranças. Por outro lado, ao jogar, a criança deve conhecer as regras e os limites da situação, cuidar dos materiais, considerar os adversários, enfim, deve agir com respeito e responsabilidade. Nesse momento, ela trabalha com seriedade se deseja atingir os objetivos do jogo. Mais uma vez, jogar pode ser uma atividade interessante para motivar os alunos a mobilizarem recursos e superarem desafios, numa situação em que agir sem pensar, sem planejar e sem respeitar os limites não serve, não produz bons resultados, os quais ela quer realmente conquistar. Em síntese, a ação de jogar exige comprometimento e intencionalidade, aspectos também fundamentais para a sala de aula constituir-se em um ambiente cooperativo, produtivo e disciplinado.

Um profissional não-habituado a usar jogos como instrumento de avaliação e intervenção pode considerar difícil enxergar tantas qualidades e duvidar das possibilidades de utilizá-los em sua prática pedagógica. Uma referência que pode ajudar na construção dessa prática está na introdução do livro Aprender com jogos e situações-problema (Macedo, Petty e Passos, 2000), em que são apresentados os principais aspectos da metodologia que atualmente norteiam o trabalho desenvolvido no LaPp. Com isso, é possível organizar um "esqueleto" para planejar algumas situações e, quem sabe, ousar experimentar estes novos recursos. A idéia não é necessariamente tornar-se um especialista em jogos, mas sim informar-se sobre suas contribuições, podendo utilizá-los para dar suporte à gestão da sala de aula, ilustrar certos conceitos ou trabalhar alguns conteúdos.

A idéia central deste capítulo foi apresentar uma breve discussão sobre a possibilidade de se considerar as ações pedagógicas na perspectiva dos jogos, ou seja, com o sentido do jogar. É transformar gradativamente as propostas e os conteúdos em desafios a serem solucionados e obstáculos a serem vencidos. Com isso, pode-se contribuir para que a aprendizagem torne-se mais significativa para os alunos e também ajudar as crianças a construírem relações mais cooperativas, norteadas pelo respeito mútuo e pela consciência da importância do seu papel na constituição de um ambiente mais favorável à aprendizagem. Afinal, sem a presença e a participação de professores e alunos, o trabalho em sala de aula não acontece. Esta é uma relação interdependente, em que um precisa do outro reciprocamente, num contexto de trocas. Daí a importância de ambos para a sobrevivência do sistema.

Conte um Conto – Continue a História[1]: avaliação formativa e intervenção

3

Neste capítulo, serão apresentados os jogos Conte um Conto e Continue a História. Eles foram assim agrupados para dar ao leitor idéias de atividades cujo objetivo é a produção de textos, sejam eles falados ou escritos. Esses jogos são desenvolvidos em um contexto de intervenções e em uma perspectiva de avaliação formativa. Segundo Perrenoud, "É formativa toda avaliação que ajuda o aluno a aprender e a se desenvolver, ou melhor, que participa da regulação das aprendizagens e do desenvolvimento no sentido de um projeto educativo" (1999, p. 103). Portanto, essa forma de avaliação tem um caráter mais individualizado e requer uma intervenção diferenciada, centrada no aluno, exigindo do professor a elaboração de situações de aprendizagem cada vez mais significativas e uma intensa comunicação entre ambos. O autor ainda acrescenta que: "Se o professor não constrói para si uma imagem adequada do que se passa 'na cabeça dos alunos', há pouca chance de sua intervenção ser decisiva na regulação da aprendizagem" (1999, p.120). Em síntese, toda avaliação definida como formativa deve contribuir para o aluno aprender cada vez melhor e para o professor ensinar utilizando recursos cada vez mais eficazes.

O Conte um Conto, comercializado pelo Unicef, tem como desafio propor que um ou mais participantes criem uma história a partir de idéias representadas por meio de desenhos e palavras em diversos cartões. Como não há um detalhamento das regras (proposto pelo fabricante), é possível organizá-lo de

[1]As idéias aqui apresentadas foram desenvolvidas em parceria com Valquíria Carracedo e Gisele Escorel de Carvalho, no contexto das oficinas de jogos para alunos do ensino fundamental, realizadas no Laboratório de Psicopedagogia (LaPp) do Instituto de Psicologia da USP.

diferentes maneiras, de acordo com o recorte definido por quem está sugerindo a atividade. O Continue a História, por sua vez, é outra possibilidade de produzir um texto em grupo. É interessante, divertido e também pode ser utilizado para desenvolver projetos em várias situações escolares, dependendo do tema escolhido. Esses dois jogos exigem dos participantes atenção e criatividade, sendo excelentes estímulos para aprender a interpretar, aspecto tão valorizado no contexto escolar.

CONTE UM CONTO

Material

O material é composto por 52 cartões com dupla face. Cada um deles tem desenhos e palavras escritas em cinco idiomas (português, inglês, espanhol, francês e japonês). O que está escrito representa a imagem desenhada: ação, objeto, acontecimento ou seres vivos. Assim, por exemplo, há o desenho de um menino e está escrito "...e o menino..." ou, então, está desenhado um olho com três lágrimas e aparece escrito "... chora/m...". Os cartões são grandes (12x17cm), coloridos, firmes e de fácil manuseio.

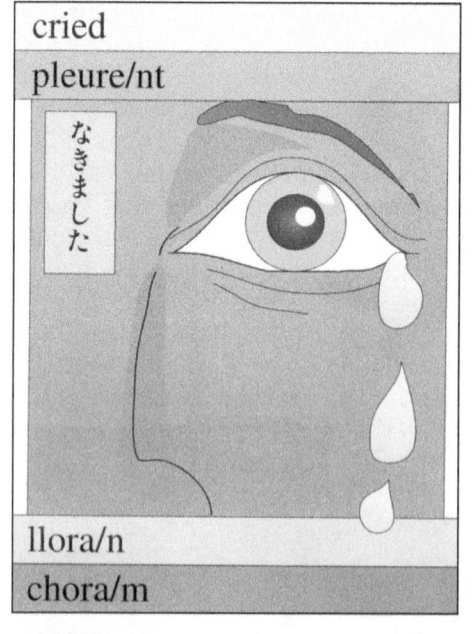 

FIGURA 3.1 Dois exemplos de cartões do Conte um Conto.

Procedimentos para jogar

Nos itens a seguir, estão descritas algumas sugestões de atividades com objetivos específicos, enfatizando tanto o trabalho individual quanto a atuação da criança no grupo. Todas elas favorecem a observação de muitos aspectos do desenvolvimento infantil, essenciais em um contexto de avaliação formativa.

Conhecer o material

Uma atividade interessante para iniciar o trabalho com o Conte um Conto é propor que as crianças explorem o material visando a conhecê-lo antes de jogar pela primeira vez. Esse momento pode parecer sem importância ou dispensável, mas quem não dedica um tempo a ele perde uma boa oportunidade de trabalhar, por exemplo, a observação e a classificação. Assim, as crianças podem ser estimuladas a observar as cartas e tentar organizá-las de acordo

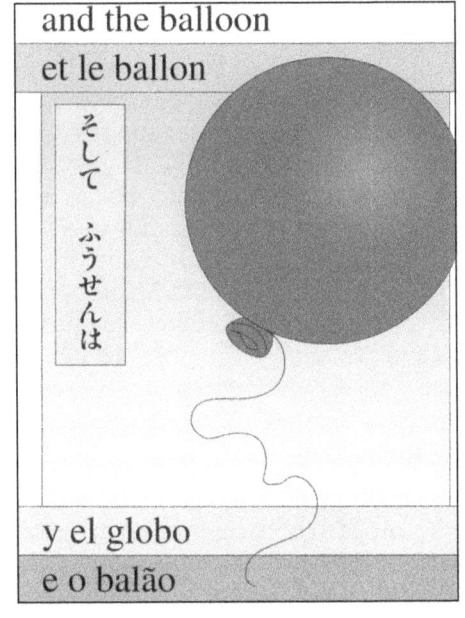

FIGURA 3.2 Cartões que representam os temas: animais, objetos, plantas e meios de transporte. (*continua*)

FIGURA 3.2 (*cont.*). Cartões que representam os temas: animais, objetos, plantas e meios de transporte.

com os temas que elas sugerem. Os agrupamentos que mais comumente aparecem são: animais, pessoas, objetos, ações, alimentos, plantas, meios de transporte e lugares. Apresentamos alguns exemplos de cartões com essas categorias representadas.

Nesse procedimento, todas as intervenções que valorizam a análise do material constituem desafios que têm uma conotação mais ampla do que uma simples exploração, pois ensinam os alunos a estabelecerem um contato com o objeto de conhecimento, qualquer que seja ele, de modo qualitativamente diferente, ou seja, aprendem que parar para olhar antes de começar a agir é um ótimo recurso.

Contar histórias

Após o conhecimento do material, pode-se propor que as crianças construam juntas uma história. Nesse momento, devem contar um conto oralmente. Esse procedimento pode ser realizado sugerindo-se que cada criança sorteie previamente um cartão, preparando-se para falar sobre ele, ou ainda que o sorteio seja feito na hora em que for a sua vez de contar uma parte da história. Em ambos os casos, há vantagens e desvantagens. *Sortear antes* significa olhar antecipadamente e pensar sobre o assunto, o que é favorável ao jogo e ajuda a diminuir a ansiedade. No entanto, focar exclusivamente o próprio cartão pode desviar a atenção do contexto do jogo e é impossível definir exatamente o que será falado, pois isso dependerá do desenrolar da história. Não é incomum também a criança ficar frustrada por fixar-se em uma idéia única e não ser possível encaixar o que programou com o que já foi contado pelas outras crianças. O *sorteio surpresa* exige uma concentração integral no que está sendo falado, o que propicia uma participação intensa do jogador, já que esta é sua única função enquanto espera a vez de sortear um cartão. Tal forma de jogar exige flexibilidade, improvisação e exercita a criatividade para que o cartão seja um bom instrumento desencadeador de idéias. Por outro lado, desconhecer o cartão implica um tempo maior para escolher qual lado será usado e qual recorte definirá o que será falado. Como se pode perceber, não há um jeito certo para jogar, mas o jeito escolhido para aquele momento, de acordo com os objetivos da atividade. Assim, já que apresentam diferentes desafios, vale a pena experimentar ambos os modos.

Ainda com relação à etapa de situações oralmente desenvolvidas, pode-se propor mais duas atividades:

a) que o jogador conte uma parte da história fazendo uso dos dois lados do cartão, ou

b) que a história seja continuada (depois que todos contaram uma parte) usando-se o outro lado do cartão.

As idéias não param por aqui! Sempre surgem sugestões das crianças, que são válidas e devem ser incorporadas às próximas atividades, caso o profissional considere adequado para o desenvolvimento de seu trabalho.

Escrever histórias

Outro procedimento interessante é contar um conto por escrito, sendo possível sugerir um trabalho individual ou em grupo. No primeiro caso, cada criança sorteia 4 ou 5 cartões para produzir um texto e, ao final dessa atividade, haverá várias histórias baseadas em cartões diferentes. Também é possível sortear 6 a 10 cartões (com a seqüência predeterminada ou não) e todas as crianças inventam sua própria história, só que dessa vez serão produzidas diferentes versões a partir dos mesmos cartões.

O exemplo apresenta uma terceira possibilidade de se trabalhar escrevendo histórias. Nesse caso, primeiro as crianças fizeram uma produção oral, sorteando cartões. A história foi registrada por um adulto e lida para o grupo, que não gostou do resultado. Foi proposto, então, que os jogadores criassem suas próprias versões por escrito, seguindo a seqüência dos cartões já sorteada.

Pode-se, ainda, desenvolver uma outra proposta de construção da história em grupo. Nesse caso, cada criança sorteia um cartão, escreve uma frase e passa o papel para o próximo jogador, que também deverá sortear um cartão e continuar escrevendo a história já iniciada. Procede-se assim sucessivamente, até que o último jogador finalize o conto.

Esta tem sido uma forma bastante eficaz de dar significado a atividades cujo objetivo é a produção de textos. Em situações dessa natureza, deve-se, no mínimo, coordenar idéias e interpretar imagens, prática bastante exigida no cotidiano escolar. Em todas as propostas, é muito importante discutir com os

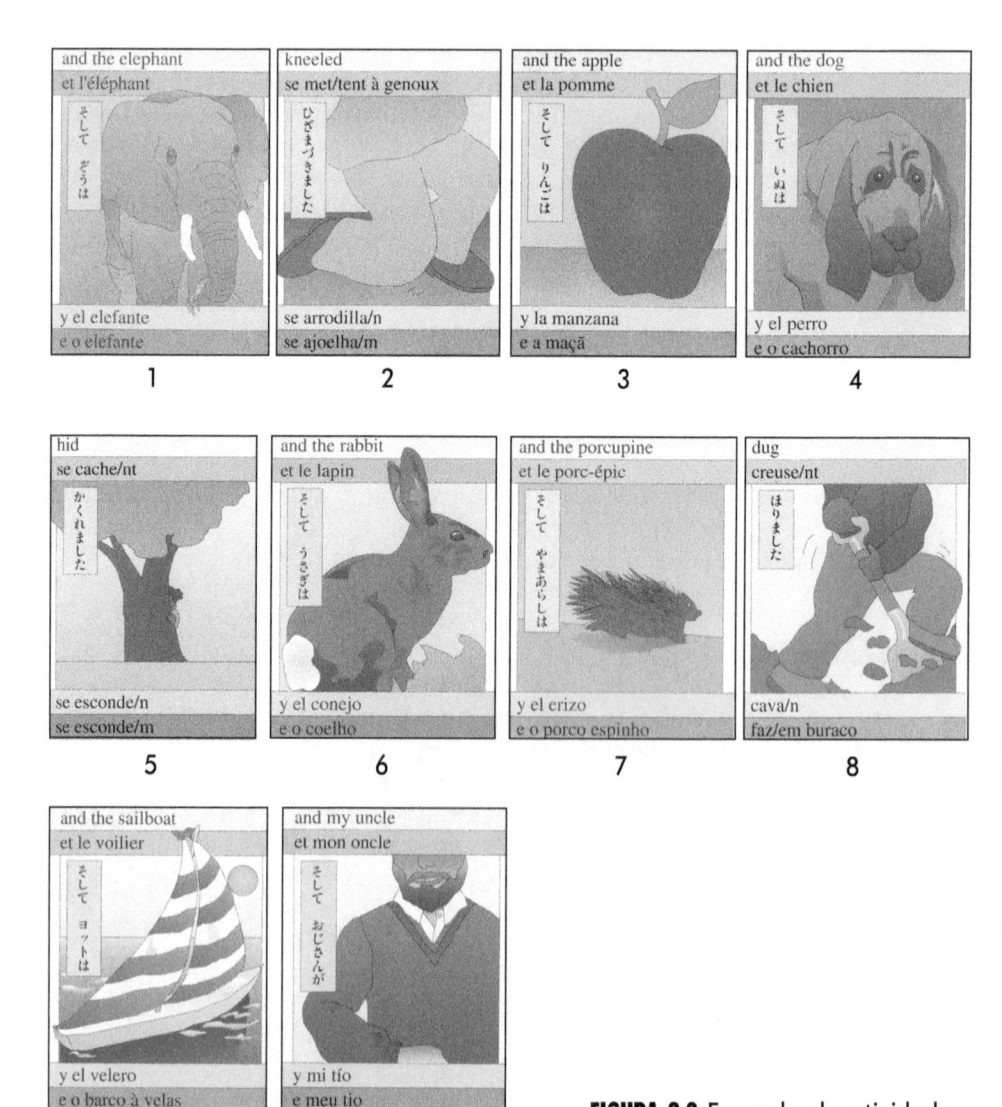

FIGURA 3.3 Exemplo de atividade. (*continua*)

Ka: Um elefante estava comendo.
Al: Depois de alguns minutos chegou um homem e viu o elefante.
Ad: E o homem ficou com inveja do elefante e quis comer uma maçã.
Ta: E o cachorro do homem apareceu.
Da: E apareceu a filha do homem e ela se escondeu atrás da árvore porque o cachorro queria pegar ela.
Ca: E ela achou um coelho comendo cenoura.
Lu: Ela foi sair correndo para pegar o coelho e pisou num porco-espinho.
Vi: E em frente ao porco-espinho tinha um homem fazendo um buraco.
Fe: E ali tinha um lago e o homem viu um barco.
Co: E o homem que estava cavando buraco resolveu ir até o barco e o tio do homem não deixou ele entrar porque o barco era dele.

FIGURA 3.3 (Cont.). Exemplo de atividade: primeiro quadro: registro de produção oral do grupo; segundo quadro: uma das histórias escritas individualmente.

alunos a respeito de suas produções, analisando a qualidade do que foi produzido, questionando alguns conteúdos e propondo mudanças em partes menos compreensíveis.

Ler histórias

Um procedimento que pode dar continuidade ao trabalho individual é fazer uma leitura em voz alta do próprio texto para o grupo tentar descobrir quais cartões foram utilizados como referência para a construção daquela história. Nessa situação, podem ser propostos dois desafios: descobrir com ou sem os cartões à vista. No primeiro desafio, o adulto seleciona previamente 10 ou 12 cartões (os utilizados pelo inventor da história e mais alguns), propondo que as crianças escolham, a partir dos indícios do texto, aqueles que foram utilizados, eliminando, portanto, os que não serviram. No segundo desafio, elas devem identificar os cartões utilizados recorrendo à memória, fazendo suas descobertas por meio de hipóteses. Nesse caso, geralmente, o texto precisa ser lido mais de uma vez, já que os ouvintes não têm os cartões como referência visual. Para trabalhar sem consulta aos cartões, é condição fundamental haver familiaridade suficiente com seus conteúdos, pois caso contrário a atividade tende a se tornar pouco interessante, porque fica difícil demais, ou transforma-se em pura adivinhação.

Em algumas ocasiões, a atividade de leitura gera ricas discussões. Por exemplo, as crianças podem ser convidadas a criar diversas soluções para um mesmo problema, isto é, inventar finais diferentes para uma mesma história ou sortear um cartão extra para dar um novo fechamento ao texto. Outro objetivo dessa atividade pode ser o de analisar a qualidade da leitura realizada pela criança para o grupo de colegas. Esta é uma atividade habitual nas escolas e, em geral, é bastante angustiante para aqueles que têm dificuldade em realizá-la. Como nosso contexto é lúdico e o compromisso – garantido sempre – é de respeito entre todos, mesmo as crianças que não gostam de ler acabam cedendo ao desafio, o que as ajuda a melhorar suas próximas leituras, uma vez que conversamos sobre cada uma, propomos releituras e dicas dos colegas para melhorar a comunicação.

No exemplo a seguir, apresentamos a produção de uma aluna. A partir de sua leitura, o adulto registrou os comentários dos colegas que ouviram a história e também fez algumas anotações: (a) leitura em voz baixa, como se estivesse lendo para si própria; (b) pouca entonação, com exceção da frase sobre o grilo, em que elevou a voz; (c) segue bem a pontuação que colocou; (d) ao ler, percebeu a falta das palavras "um homem" na primeira frase e acrescentou-as no texto; (e) disse que gostou da história que produziu e não mudaria nada; (f) o grupo também gostou, mas pediu uma releitura, em tom mais alto, o que ela fez, porém não tão alto quanto desejavam.

Procedimentos como estes representam algumas idéias de atividades e devem ser amplamente adotados em contextos de jogos, sobretudo quando o material não tem regras predeterminadas. É sempre fundamental definir antecipadamente aquelas que nortearão o jogo, sendo interessante também aproveitar idéias novas ou sugestões das crianças à medida que o trabalho vai sendo desenvolvido. Com isso, o jogo fica mais rico e elas participam com mais entusiasmo e responsabilidade. Experimentar novas regras é um ótimo exercício para reconhecê-las como reguladores das relações sociais. Portanto, aprender a construir e respeitar regras permite aprender a criticar, pois requer uma avaliação constante da validade ou não das mesmas, o que é essencial para o desenvolvimento da autonomia. Independentemente do enfoque do trabalho, não pode haver dúvidas de que o condutor das atividades é necessariamente o adulto.

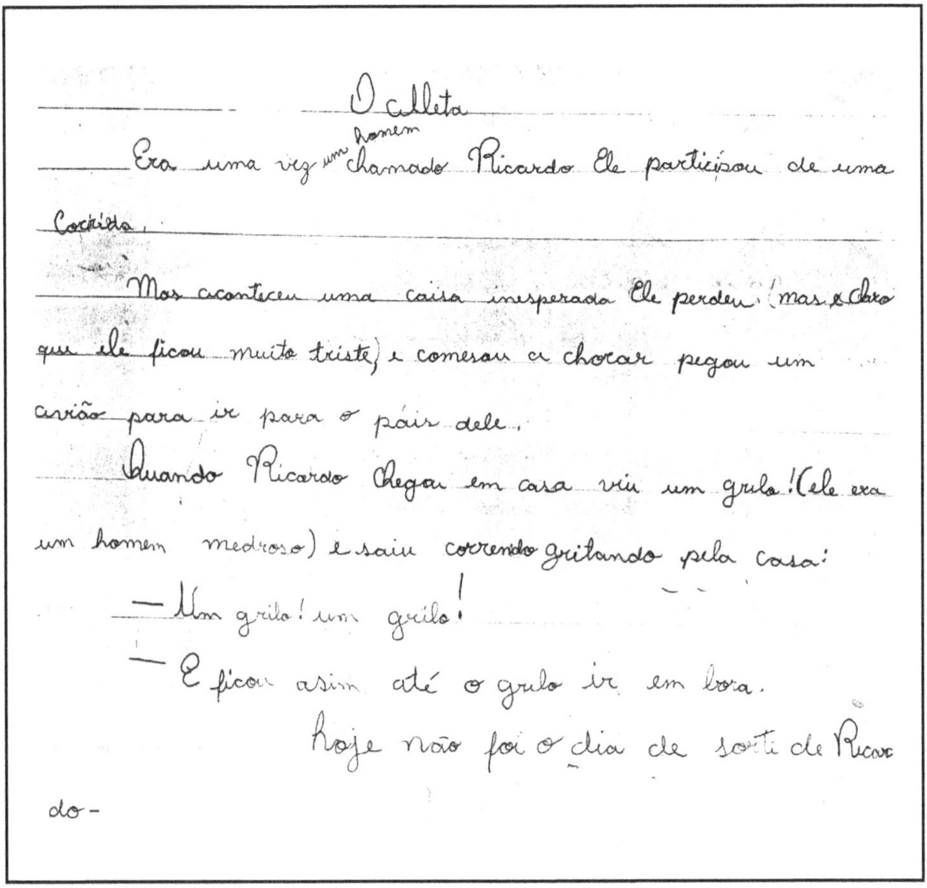

O atleta

Era uma vez um homem chamado Ricardo Ele participou de uma corrida.

Mas aconteceu uma coisa inesperada Ele perdeu (mas é claro que ele ficou muito triste) e comesou a chorar pegou um avião para ir para o pais dele.

Quando Ricardo chegou em casa viu um grilo! (ele era um homem medroso) e saiu correndo gritando pela casa:

— Um grilo! um grilo!

— E ficou asim até o grilo ir em bora.

Hoje não foi o dia de sorti de Ricardo-

O atleta

Era uma vez um homem chamado Ricardo Ele participou de uma corrida.

Mas aconteceu uma coisa inesperada Ele perdeu (mas é claro que ele ficou muito triste), e comesou a chorar pegou um avião para ir para o pais dele.

Quando Ricardo chegou em casa viu um grilo! (ele era um homem medroso) e saiu correndo gritando pela casa:

– Um grilo! um grilo!

– E ficou asim até o grilo ir em bora.

Hoje não foi o dia de sorte de Ricardo.

FIGURA 3.4 História lida em voz alta pela criança.

Formas de atuação

Definir recortes

Em geral, os adultos podem aprender muito sobre as crianças, principalmente se tiverem clareza na direção do olhar. É essencial escolher previamente aspectos a serem observados, pois isso possibilita perceber características e regularidades em suas ações, o que é imprescindível para a elaboração de novas intervenções. Contar uma história oralmente ou produzir um texto são processos complexos que vão muito além de simplesmente juntar idéias. Por isso, avaliar crianças jogando Conte um Conto exige que o profissional leve em consideração, simultaneamente, os indícios identificados na produção das crianças e a fase do desenvolvimento em que se encontram.

No procedimento oral, há alguns acontecimentos que, se considerados, oferecem muitas informações para o profissional. Algumas perguntas podem nortear o trabalho de observação, como por exemplo: os conteúdos propostos pelo jogador que sorteia uma carta expressam alegria, medo, agressividade, desafios solúveis? Há articulação entre o que é dito e que já aconteceu até então? A articulação apresentada relaciona-se com o último cartão ou com todos os outros? A idéia é criativa e bem-humorada ou confusa e descontínua? A criança envolve-se e presta atenção, ou fala qualquer coisa desinteressadamente para "livrar-se" do cartão? A figura é simplesmente descrita, ou a criança cria um contexto para incluí-la? Enfim, as questões podem investigar a natureza dos conteúdos, a extensão das coordenações, a qualidade da participação e a observação da figura do cartão. Estas não são as únicas perguntas a serem feitas nesse momento, já que outras idéias podem surgir de acordo com cada contexto, e o principal objetivo é coletar o maior número de dados significativos sobre as crianças.

No procedimento escrito, os textos produzidos permitem acrescentar outros tipos de análises, as quais podem ser agrupadas em algumas categorias, focando o olhar sobre: o próprio texto e sua estrutura, as formas de criar um enredo construídas pelo jogador, as regras do jogo e a avaliação. Enumeramos a seguir alguns aspectos que compõem tais categorias, juntamente com sugestões de perguntas relativas a cada um deles.

- Ortografia: Como é a escrita da criança? Que tipos de erros ortográficos aparecem em sua produção?
- Organização no espaço: Como distribui o texto no papel? Como é a letra: apertada ou muito espalhada, legível ou não? Usa a linha como referência para a escrita?
- Estrutura do texto: O que a criança já sabe sobre um texto? Usa pontuação de maneira adequada? Coloca parágrafos e sabe empregá-los? Dá um título à história? O título está integrado ao conteúdo do que foi escrito?

- Leitura: Como lê sua história para o grupo? Entende a própria letra? O tom de voz permite que todos ouçam, ou lê muito baixo (para si própria)? Faz uma leitura fluente, com entonação, ou lê "aos soquinhos"?
- Destaque aos cartões: Que recursos utiliza para inserir e evidenciar os cartões sorteados ao compor sua história? Consegue comunicar as idéias representadas nos cartões de modo integrado, ou simplesmente faz uma lista das figuras?
- Criatividade: Apresenta um contexto rico em informações para o desenvolvimento da história, ou as idéias aparecem listadas e justapostas?
- Respeito às regras: Obedece às regras do jogo, isto é, todos os cartões sorteados aparecem na história ou há cartões "esquecidos"?
- Auto-avaliação: Como reage ao que o grupo diz? Gosta do que escreveu? Faz ou não críticas à própria história?

A seguir, apresentamos um exemplo de como analisamos uma história de acordo com essas categorias. A análise deve ser bastante cuidadosa para não acontecerem generalizações inadequadas, ou seja, é necessário observar indícios de presença ou ausência de elementos importantes no texto, comparando-os com outras produções da mesma criança, antes de afirmar suas aquisições e suas dificuldades.

FIGURA 3.5 Exemplo de análise de produção de um aluno (*continua*).

FIGURA 3.5 (*Cont.*). Exemplo de análise de produção de um aluno.

TEXTO ILUSTRATIVO

O dia que o lata velha encontrou a geladeira

Era uma vez um robo que se chamava lata velha. Um dia encontrou um rato sendo perseguido por um porco-espinho e uma aguia perguntou

– O que vocês estão fazendo?

– Caçando o rato" Responderam

– Por que vocês não vão em um lugar que tem bastante corrida?

– Vamos nesse lugar!

Eles foram e comeram tudo e viveram felizes para sempre.

1) Rabo   2) Rato   3) Porco espinho   4) Aguia   5) Geladeira

---

FIGURA 3.5 (Cont.).

Indícios observados:

a) Poucos erros ortográficos: não acentua "águia" e "robô"; usa letra minúscula no nome "Lata Velha"; faz segmentação indevida: "chama-va".
b) Boa organização do espaço; uso de linha como referência; letra legível.
c) Usa conectivos para unir os cartões; comunica e integra bem as idéias.
d) Coloca parágrafos e travessão adequadamente; usa corretamente a pontuação; cria título integrado.
e) Dá informações suficientes para a compreensão da história.
f) Utiliza todos os cartões sorteados.
g) Lê com fluência e respeita a pontuação; percebe erros durante a leitura.
h) Avalia positivamente sua produção.

FIGURA 3.5 (*Cont.*). Exemplo de análise de produção de um aluno.

Avaliar os procedimentos do jogador

No contexto do jogo Conte um Conto (história construída em voz alta), é possível identificar diferentes etapas no processo de criação. As crianças vão progressivamente mudando o olhar sobre os cartões, conseguindo perceber cada vez mais detalhes. Os primeiros contatos com o material podem ser muito variados, indo desde um simples nomear do cartão até contar oralmente uma historinha sobre a figura. Em outras palavras, pode-se observar uma progressão na ação da criança no intuito de inserir cada vez melhor o cartão sorteado. "Cada vez melhor" deve ser compreendido como uma mudança qualitativa das coordenações produzidas a partir da imagem do cartão e da identificação de novos elementos desencadeadores para a continuação da história. Dessa forma, o bom jogador dá vida ao cartão, traduzindo em sua fala idéias cujas articulações são norteadoras para os próximos jogadores, dando margem para novas coordenações.

Tendo como referência práticas com esse jogo, foi possível constatar maneiras qualitativamente diferentes de inserção dos cartões, ilustradas nas situações descritas a seguir.

Exemplo 1

As formas de inserção do cartão "bebê" são muito variadas. Há crianças que conseguem somente ler o que está escrito no cartão, sem dizer mais nada. Por outro lado, há crianças que acrescentam um contexto ao cartão, ou adicionam novas informações que ajudam o próximo jogador a continuar sua construção.

Primeiro cartão sorteado: BEBÊ.
Formas observadas:

a) Falar o nome do cartão: "Tem um bebê".
b) Descrever o cartão: "Era uma vez um bebê de fralda".
c) Associar à experiência: "Era uma vez um menino que tinha um irmãozinho".
d) Acrescentar detalhes à descrição: "Um dia, o bebê estava no colo da mãe e ele era muito fofinho e ele chorava bastante".

FIGURA 3.6 Cartão "... e o bebê".

Exemplo 2

Neste outro exemplo, a história já tinha começado com os cartões "barco" e "menina". Na continuidade da história, também observamos diferentes maneiras de inserir o cartão, desde uma simples leitura do que foi escrito até uma boa integração dos cartões anteriores.

Seqüência dos cartões sorteados: barco – menina – geladeira
Formas de inserção do cartão "geladeira":

a) Falar o nome do cartão: "Tem uma geladeira".
b) Descrever o cartão: "A geladeira está com a porta aberta".
c) Associar à experiência: "Na minha casa tem uma geladeira".
d) Acrescentar detalhes à descrição: "Na geladeira tem muita comida gostosa".
e) Tentar juntar com o cartão anterior: "A menina abriu a geladeira".
f) Ampliar a integração: "A geladeira estava cheia de comidas que a mãe da menina comprou no supermercado".
g) Resgatar o cartão inicial: "A menina preparou um lanche delicioso para o passeio que ia fazer de barco com seus amigos".

Convém ressaltar que esses dois exemplos servem para dar uma breve noção do que se pode esperar em termos de produção e participação das crianças. No entanto, a progressão das respostas nem sempre acontece item por item, ou seja, nem todas as crianças passam por todas as etapas, nem tampouco nessa ordem. De acordo com o tipo de participação de cada jogador, são realizadas diferentes intervenções.

and the sailboat
et le voilier

そして　ヨットは

y el velero
e o barco à velas

and the girl
et la petite fille

そして　おんなのこは

y la niña
e a menina

and the refrigerator
et le réfrigérateur

そして　れいぞうこは

y el refrigerador
e o refrigerador

FIGURA 3.7 Cartões: "e o barco à vela", "e a menina", "e o refrigerador".

Na proposta contar um conto por escrito, também é possível identificar condutas semelhantes no processo de construção de textos: desde praticamente listar os cartões sorteados até criar uma história em que os cartões aparecem de modo integrado. Algumas produções servem como ilustração:

O caminhão
foi pacea
dailefoi para casa
daiveio a bola rolado

a maçã tavanameza

FIGURA 3.8 Exemplos de produções escritas. (*continua*)

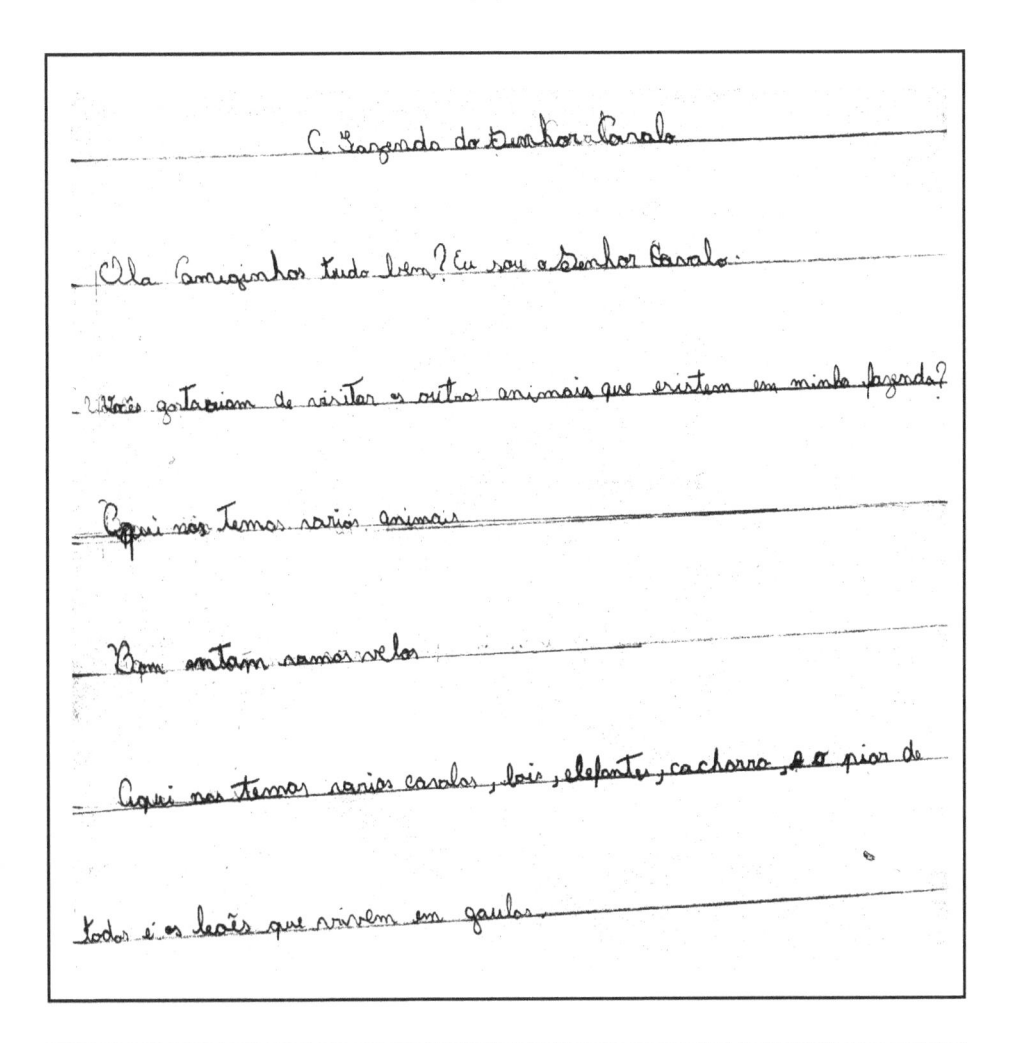

A Fazendo do Senhor Cavalo

Olá amiguinos tudo bem? Eu sou o senhor cavalo.
Vocês gostariam de visitar outros animais que existem no minha fazenda?
Aqui nós temos vários animais
Bom entam vamos velas
Aqui nos temos varios cavalos, bois, elefante, cachorro e o pior de tudo é os leões que vivem em gaulas.

FIGURA 3.8 (cont.).

O garoto que gostava de fazer palhaçada

Era uma vez um menino que gostava de dar muitas estrelas.

Certo dia ele conseguiu dar uma parada de mão e ficou dez segundos de ponta cabeça e quando de-repente ele não conseguiu mais ficar de ponta cabeça e caiu, com isso ficou com fome

Enquanto dava as estrelas sua mãe estava preparando uma comida deliciosa para o menino. O menino ficou flutuando quando cheirou a comida, a mãe riu tanto quando viu seu filho flutuando e Depois o menino comeu a comida.

FIGURA 3.8 (Cont.). Exemplos de produções escritas.

Realizar intervenções

O resultado de um conjunto de intervenções considerado bem-sucedido, aliado a um projeto de avaliação formativa, não pode ser reduzido somente a constatar os aspectos insuficientes ao sistema, mas também deve abranger o que a criança sabe fazer e aquilo que ela já conquistou, visando a uma apropriação constante das novas aquisições. A idéia é observar o outro (no caso, os alunos) para ajudá-lo a observar-se. Com relação a esse aspecto, Hadji (1997, p. 20) relembra o que Perrenoud escrevera sobre a noção de observação, propondo a substituição do termo "avaliação formativa" pelo termo "observação formativa", dizendo que "A observação é formativa quando permite guiar e otimizar as aprendizagens em andamento", isto é, destacando a importância de se desenvolver um trabalho cujo objetivo seja valorizar o caráter informativo da observação. Por isso, nossa pretensão é aperfeiçoar as intervenções, pois, se forem de fato significativas, a tendência será desequilibrar o sistema até então dominado pela criança. Como conseqüência, a elaboração de novas hipóteses transforma-se em uma condição necessária para regular o sistema e reconquistar um novo equilíbrio, desencadeando, assim, uma melhora na qualidade do que ela poderá produzir futuramente.

A partir dos indícios observados, expressos nas condutas das crianças, é possível realizar intervenções focando aspectos psicológicos ou educacionais. O processo de intervenção abrange pelo menos três princípios norteadores. Um deles refere-se à superação dos aspectos insuficientes ao sistema, traduzidos por algumas ações das crianças, tais como: localizar e corrigir os próprios erros, comparar diferentes produções, identificar possíveis formas de organização, reescrever e enriquecer partes do texto. O outro diz respeito à conscientização das conquistas: a criança é estimulada a descrever e justificar suas ações, avaliar as histórias produzidas (forma e conteúdo) e compartilhar estratégias adotadas. O terceiro relaciona-se à análise das próprias atitudes: sentimentos percebidos durante o jogo, fortalecimento da auto-estima, avaliação de condutas próprias e dos outros companheiros, envolvimento com a proposta, busca de possíveis soluções, flexibilidade de pensamento e autoconhecimento.

Com base em uma prática reflexiva sobre o Conte o Conto, foi possível identificar e extrair uma série de ações e atitudes das crianças consideradas recorrentes ao longo de muitas partidas. Isso possibilitou a construção de um "pequeno inventário" composto por ações das crianças e pelas intervenções correspondentes a essas ações.

"Pequeno inventário"

a) A criança não quer jogar: o adulto muda de jogo; combina de jogar em uma próxima vez (do atendimento ou da aula); joga junto (em parceria); propõe que seja expectador de seus colegas em uma primeira partida.

b) A criança não consegue falar: o adulto diz para contar a idéia no ouvido e ele fala para o grupo; sugere duas possibilidades para ela escolher uma; propõe que um amigo ajude.

c) A criança considera o cartão difícil ou demora muito: o adulto faz perguntas sobre o cartão; ajuda a descrever; sugere que observe os dois lados do cartão para escolher um; encoraja a continuação; dá pistas sobre integrações possíveis ("Como esta figura apareceu na história? O que vai acontecer?"); pergunta se aceita idéias de algum colega.

d) A criança não supera dificuldade nem mesmo com ajuda: o adulto respeita seu limite; sugere trocar o cartão; propõe inverter a vez com o próximo jogador; permite não jogar naquela rodada.

e) A criança fala sem integrar o cartão: o adulto retoma a história; questiona a integração ("Isto combina?", "Desse jeito dá para entender a história?"); contextualiza o cartão a partir da idéia apresentada ("Que tal falar assim...?").

f) A criança joga sem dificuldade: o adulto elogia; incentiva a observação de novos elementos; ajuda a ampliar o olhar (perceber mais detalhes); propõe conexão com cartões mais "distantes"; aumenta a exigência quanto à inserção do cartão.

Esse conjunto de observações e de propostas de intervenções ilustra o quanto a presença do professor, na prática com jogos, pode ser produtiva para a construção de um ambiente que valoriza a mudança de atitude dos alunos. Sem isso, o contexto do jogo pode não proporcionar a melhora almejada na qualidade das produções. Nas palavras de Hadji (1997, p.21):

> À coleta de informações, referente aos progressos realizados e às dificuldades de aprendizagem encontradas pelo aluno, acrescenta-se uma interpretação dessas informações, com vistas a operar um diagnóstico das eventuais dificuldades, tudo isto levando a uma adaptação das atividades de ensino/ aprendizagem – coleta de informação/ diagnóstico individualizado/ ajuste da ação – e assim se apresenta a seqüência formativa.

O grupo também desempenha um papel fundamental na ação do jogador, pois mostra a ele o quanto foi possível ou não a comunicação de suas idéias. A criança, em um contexto de intervenções, tem a possibilidade de desenvolver a capacidade de autocrítica e análise de suas produções, percebendo que aspectos deve ou não modificar em sua ação, bem como aprendendo a construir argumentações frente a uma situação-problema.

O comportamento da criança perante o grupo pode ser avaliado e fornece várias informações. O profissional habituado a usar jogos em um contexto de intervenções sabe o quanto é importante considerar simultaneamente diversos aspectos. Um aspecto que não pode ser negligenciado, nesse contexto, refere-se ao tipo de reação que a criança apresenta em relação aos elogios e às críticas feitas por outras crianças. A partir dos comentários do grupo, seu posicionamento é de que natureza? Fica sem graça, ou defende suas idéias? Tenta mudar sua ação nas partidas seguintes, ou mantém seus procedimentos apesar das dicas fornecidas pelo grupo? Por meio dessas observações, o profissional pode perceber características da criança no âmbito afetivo e social. Seu papel é fundamental, pois é ele quem faz a mediação das informações entre os participantes do grupo, ressaltando o que é importante mostrar ao outro, de modo inteligente e respeitoso, ajudando-os a modificarem suas ações, cujo sentido ou objetivo é melhorar a qualidade da comunicação.

É difícil descrever a riqueza de um contexto de intervenções em sua totalidade. A idéia central é ir gradualmente regulando as atuações em função dos progressos e das conquistas das crianças. Há uma relação de interdependência em um contexto de intervenções, já que a cada ação da criança há uma reação do profissional, de modo que uma alimenta a outra, em um processo crescente, cujo beneficiado é o próprio sujeito comparado a ele mesmo. Ser "atravessado" por um conjunto de intervenções adequadas e pontuais – na hora e na medida certas – gera como conseqüência necessariamente uma mudança de nível.

Em síntese, jogar Conte um Conto tem contribuído para desenvolver alguns aspectos da língua portuguesa de forma significativa e desafiante, tais como escrita de textos, leitura do próprio texto, produção com criatividade, etc. Com isso, na perspectiva da criança, a produção de textos, que muitas vezes constitui-se em um obstáculo intransponível, torna-se viável, ainda que precise ser lapidada. Se a criança apropriar-se dos recursos favoráveis que utiliza para jogar, graças às intervenções, poderá transferi-los para outros contextos. Essa aprendizagem possibilita gerenciar ou monitorar suas ações e atitudes em prol de um desempenho satisfatório e, portanto, adequado às exigências escolares.

CONTINUE A HISTÓRIA

Como mencionado no início deste capítulo, o Continue a História tem como objetivo produzir, oralmente ou por escrito, um texto em grupo. Apesar da semelhança com o Conte um Conto, pode ser proposto de outros modos ou com outros objetivos, dando ao professor condições para ampliar o repertório de propostas desafiantes com jogos em sala de aula. Desse modo, apresenta outras possibilidades de trabalhar com elementos da língua portuguesa valorizados também no contexto escolar.

Para apresentar a proposta a ser desenvolvida por escrito, deve-se primeiro explicar que o objetivo será escrever uma história em grupo, ou seja, será uma produção em que cada um vai escrever uma parte que comporá a história como um todo e, para isso, deverão escolher um tema ou assunto. Em seguida, é necessário combinar quantas frases devem ser escritas por vez, definir o tempo que cada um terá para escrevê-las e organizar as trocas do papel. Se o ambiente for a sala de aula, pode-se fazer uma história por fileira, para que a história não fique muito longa; contudo, esta é apenas uma sugestão, ficando a critério do objetivo do professor e do número de alunos a melhor maneira de organizar a atividade.

Regras para jogar

Ao propor a atividade Continue a História aos alunos, o professor apresenta inicialmente as seguintes regras:

1. Cada jogador escreve o início da história e o seu nome.
2. Após o tempo determinado, o professor avisa que cada folha deve ser passada para o próximo jogador.
3. O outro jogador deve escrever a continuação da história já iniciada e seu nome.
4. Novamente, após um tempo, o professor anuncia a próxima troca.
5. A situação continua assim até que todos tenham escrito uma parte da história.
6. Quando quem iniciou a história receber de volta seu papel, deve ler o texto na íntegra e dar-lhe um título.

O exemplo a seguir (Figura 3.9) ilustra uma situação cujo tema era A escravidão, sendo o desafio "escrever algo, sempre aplicando o vocabulário que estava sendo trabalhado em sala de aula":

Jogador 1   "Numa fazenda, viveu um negro muito corajoso, que não aceitava as imposições de seu Senhor de Engenho". (Malu)

Jogador 2   "Ele sempre dava um jeito de fazer diferente, mas sem desobedecer totalmente, para não ser punido". (André)

Jogador 3   "Um dia, mandaram este escravo cortar muita cana e o braço dele doía. Sabe o que ele fez? Ralou numa pedra, disse que tinha se machucado e parou de trabalhar". (Paula)

Jogador 4   "Só que um capataz viu o que aconteceu e contou para o Senhor. Ele ficou muito bravo e puniu o escravo". (Carla)

Jogador 5   "Ele disse que a punição seriam 10 chibatadas. O escravo apanhou muito e resolveu fazer uma reunião na Senzala, depois que foi solto". (Daniel)

Jogador 6   "Ele e seus colegas combinaram que iam incendiar a Casa Grande. Só que eles não conseguiram, porque um deles denunciou a rebelião e todos foram castigados". (Helena)

Jogador 1   Título: "Duas tentativas sem sucesso". (Malu)

FIGURA 3.9 Exemplo de atividade escrita, produzida por alunos.

O professor pode realizar discussões com seus alunos e introduzir exigênci-as de conteúdos, dependendo da série com a qual trabalha. Em geral, é bastante rico investigar o repertório dos alunos, as formas de comunicação e as hipóteses sobre a expectativa do desenrolar da história, comparadas com o que realmente aconteceu. Pode-se também fazer uma votação para eleger a melhor história, discutindo os critérios para tal escolha. Enfim, há muitas possibilidades de trans-formar esse jogo em uma situação de aprendizagem envolvente e desafiadora.

Surge, porém, uma pergunta: o que, de fato, é diferente ou pode ser intro-duzido como elemento inovador nessa situação, já que há semelhanças ao jogo Conte um Conto? Primeiro, pode-se considerar que o Conte um Conto prioriza a criação de uma história oral em grupo ou, ainda, a construção de uma histó-ria completa e individual. No Continue a História, os jogadores sempre conti-nuam uma história escrita, o que apresenta um novo desafio. Além disso, exis-tem algumas idéias para se trabalhar com esse jogo, as quais servem para lembrar, principalmente, que aprender a pensar sobre os elementos que com-põem a proposta são um ótimo ponto da partida para transformá-la em meio ou instrumento para o desenvolvimento de projetos.

Análise de temas

Muitas vezes, a proposta de construção de uma história tem como exi-gência conter elementos que possam defini-la como descrição ou narração, ou como aventura, romance, suspense, comédia, entre outros gêneros textuais, mas nem sempre os alunos sabem como fazê-lo. Então, ao propor que a his-tória tenha alguma pertinência a essas categorias (tipo de texto ou tema), é importante ajudá-los a ter em mente quais os indicadores que permitem identificá-las. Fazer uma lista de características, juntamente com os alunos, pode ser uma boa estratégia para evitar a falta de elementos essenciais à história. Suas hipóteses constituem importantes informações sobre o que sa-bem ou não sobre um assunto; portanto, identificá-las também ajuda a escla-recer dúvidas e intervir com mais precisão nos pontos que precisam ser me-lhorados. Os alunos geralmente preferem contextos de aventura e suspense, mas, às vezes, confundem alguns elementos que caracterizam cada gênero. É comum mencionarem um excesso de mortes em uma aventura ou um exces-so de sangue em histórias de suspense, o que é menos recorrente em ambas e mais recorrente em histórias de terror. Outra preferência são as comédias; novamente, porém, muitas vezes não conseguem criar um contexto realmen-te engraçado, por exagerarem nas tragédias e trapaças, o que acaba transfor-mando a história em algo mais triste do que divertido.

Tema: aventura

"Numa floresta, um grupo de cinco amigos se perdeu. Logo escureceu e eles não tinham lanterna. De repente, um deles caiu em um buraco e morreu. Daí, os outros ficaram assustados e saíram correndo. Apareceu uma onça que atacou outro. Ele ficou muito ferido e ninguém podia ajudar. Acabou virando comida de onça. No dia seguinte, uma equipe de resgate os encontrou. Dos cinco amigos, sobraram só três para contar a aventura."

Tema: comédia

"Um dia, dois meninos saíram para zoar. Um deles resolveu jogar tinta no muro que seu vizinho tinha acabado de pintar. Ficou tudo manchado e os dois amigos riram muito da cara do homem quando ele viu. Depois disso, foram no mercado e arrancaram as etiquetas que marcavam os preços, assim ninguém sabia quanto cada coisa custava e as moças do caixa quase ficaram loucas conferindo tudo. Daí, para finalizar o dia, subiram numa ponte e ficaram cuspindo em quem passava embaixo. Foi muito engraçado."

FIGURA 3.10 Exemplos de histórias produzidas pelos alunos.

Estes dois exemplos indicam várias possibilidades de trabalho com os alunos. Uma delas é o esclarecimento de informações sobre os elementos presentes na história, os quais estavam um pouco distantes do tema que realmente haviam escolhido. Outra possibilidade é analisar com os alunos os conteúdos que trazem sobre o que consideram de fato "legal" e o que é uma infração ou desrespeito ao outro. Assim, eles têm a oportunidade de refletir, em grupo, sobre assuntos do cotidiano que inclusive podem ajudar a evitar certas encrencas nas quais se metem, considerando que algo é, por exemplo, divertido sem realmente ser.

Ampliação do universo criativo

O Continue a História propõe ainda um desafio novo aos participantes quando comparado ao Conte um Conto: em vez de inventar uma história baseada em imagens desenhadas em cartões, a criança deve criar um enredo a partir de sua própria imaginação. Para as mais criativas, essa proposta pode ser considerada mais fácil, embora também possa representar um "dificultador", já que não há referências visuais. Nesse caso, os limites são o tema e o que já foi falado ou escrito por outros participantes.

Uma outra proposta viável é apresentar aos jogadores uma lista de palavras que devem ser utilizadas para a criação de uma história. Cada um, à sua vez, deve escolher uma palavra da lista e escrever uma parte da história. O próximo deve escolher outra palavra, acrescentando novos elementos para continuar a história, e assim sucessivamente. O último a jogar deve escrever algo com a palavra que sobrou, propondo o final que considerar mais conveniente.

A seguir, apresentamos um exemplo com as palavras "desmontar, assustar, banheiro, carroça, trem, encanador, gavião, mendigo, rato, *shopping*".

"Me lembro de um dia em que fui ao *shopping* e muita confusão aconteceu." "Estava numa loja quando levei um tremendo *susto*". "Duas mulheres gritavam dizendo que um *rato* estava no provador. Saí de lá correndo, sem experimentar a roupa que tinha escolhido". "Resolvi, então, ir ao *banheiro* me lavar, já que tinha suado de tanto nervoso". "Quando entrei, dei de cara com um homem, que se apresentou como o *encanador* que estava consertando um vazamento". "Ele disse que ia demorar, pois teria que *desmontar* um cano". "Desisti de me lavar e resolvi tomar um café para relaxar. No lugar, tinham várias fotos de estações antigas de *trem*". "Tudo parecia bem de novo. Mas por pouco tempo, pois um *mendigo* brigava lá fora e gritava com um guarda". "Todos foram ver o que acontecia e a cena era engraçada: ele queria entrar com sua *carroça* no estacionamento do *shopping*". "Resolvi ir embora, pois já era tarde e não tinha conseguido comprar o que pretendia. Vi uma cena bonita no fim do dia: um gavião pairava no céu ao pôr-do-sol".

FIGURA 3.11 Exemplo de atividade com o Continue a História.

Outras variações

Apresentar aos alunos novas dimensões do mesmo material é sempre recomendável, e nós valorizamos bastante esse fator nos atendimentos com jogos realizados no LaPp. Utilizamos mais duas atividades divertidas no contexto de nossas oficinas, além das anteriormente descritas. Uma delas é o anti-Continue a História. Nesta, só se pode ler a última linha escrita, ou seja, é proibido ler tudo. É interessante trabalhar com essa proposta, principalmente com alunos que julgam desnecessário ler desde o início para continuar sua produção. Ao ler somente uma linha, torna-se difícil acertar com precisão e agregar informações que podem ser "costuradas" ao texto como um todo. Geralmente, o começo da história dá certo, mas os alunos logo constatam que conhecer o texto na íntegra é fundamental para propor uma continuidade que faça sentido. No final da atividade, abre-se a produção e alguém lê. Raramente a história fica completa.

A outra atividade é denominada História Surpresa. Nessa situação, novamente os alunos têm de produzir uma história sem saber o que está escrito previamente. No entanto, desta vez a escrita é totalmente "cega", pois não se sabe nada sobre o que já foi escrito. Cada um deve responder a uma pergunta, sem ter informação sobre a(s) resposta(s) anterior(es), sendo necessário dobrar o papel após respondê-la. Deve-se seguir uma seqüência: "quem, o que fez, onde, quando, como, por quê". Ao final, abre-se o papel e um aluno lê o que aconteceu. Às vezes, a história fica bem engraçada; porém, outras vezes, fica totalmente sem sentido. Os exemplos abaixo ilustram o que foi produzido.

Exemplo 1	**Exemplo 2**
"Quem": Meu pai.	"Quem": Um cachorro.
"O que fez": Estava comendo lasanha.	"O que fez": Estava subindo em uma árvore.
"Onde": No banheiro.	"Onde": Nos Estados Unidos.
"Quando": Às 3 horas da manhã.	"Quando": De noite.
"Como": Engatinhando.	"Como": Cutucando devagar.
"Por que": Estava com frio.	"Por que": Queria dormir.

FIGURA 3.12 Exemplos de História Surpresa.

A ênfase deste capítulo não recai exclusivamente sobre os dois jogos apresentados, mas sobre o contexto de intervenções elaborado a partir das situações de jogo. As atividades e as ações realizadas pelas crianças não produzem por si só aprendizagem. Então, qual a vantagem de utilizar jogos como instrumento? O jogo é um sistema complexo, que aciona diferentes mecanismos do jogador (motores, afetivos, cognitivos e sociais), além de proporcionar um contexto cujo significado tem sentido imediato para os alunos e os mobiliza integralmente. Além disso, jogar viabiliza aprendizagens que podem ser aplicadas em diferentes situações (escolares ou não), como saber tomar decisões, antecipar, coordenar informações e comunicar idéias, só para citar algumas.

Tangran: da simplicidade do material à complexidade da reflexão

4

HISTÓRICO

O Tangran é um jogo milenar, de origem chinesa e conhecido mundialmente. De acordo com Joost Elffers (1992), não há referências exatas sobre sua origem ou seu inventor. Sabe-se que era o jogo preferido de Napoleão em seu exílio e de Lewis Carroll, autor de Alice no país das maravilhas. Na China, é também conhecido por Tanguan, referindo-se à dinastia de 618 a 907 (TANG) e à palavra jogo (WAN) (Albuquerque, s.d.). Seu objetivo é construir uma figura idêntica a um modelo previamente determinado, utilizando todas as sete peças que o compõe: dois triângulos grandes, dois pequenos e um médio, um quadrado e um paralelogramo.

O Tangran é considerado como parte da categoria quebra-cabeças, mas convém analisar algumas diferenças. Os quebra-cabeças tradicionalmente conhecidos são compostos por várias partes que, quando coordenadas, possibilitam a construção de uma figura, sendo que cada uma das peças ocupa sempre a mesma posição e tem, portanto, um lugar definido e uma relação de vizinhança única entre si. Já o Tangran difere desses aspectos quanto à estrutura, pois possui um número reduzido de peças e um lugar variável para a colocação de cada uma delas, dependendo da figura a ser construída. Nesse jogo, são muitas as possibilidades de disposição espacial de uma peça, especialmente se forem observadas as diferentes combinações em relação às outras (Petty e Passos, 1996, p.172). Nas palavras de Albuquerque (s.d., p. 19):

> não existe uma chave para decifrar os enigmas propostos. Cada um deles é um novo problema, como se tivesse sido inventado por uma esfinge diferente. Isto é

FIGURA 4.1 As sete peças do jogo organizadas em um quadrado.

muito bom: elimina qualquer possibilidade de camaradagem com o desafiante. Cada problema colocado tem uma solução própria, de forma que se torna muito difícil decorar qualquer uma delas. Além disso, existe, em muitos casos, mais de uma resposta para o mesmo Tanguan.

Em síntese, quem se aventura a jogar Tangran logo aprende que ter boa memória e conhecer as peças são aspectos insuficientes para construir as figuras com sucesso. É essencial explorar a multiplicidade das relações possíveis de se estabelecer entre as peças, agindo com persistência e concentração. A combinação simultânea desses fatores é que dá ao jogador condições de resolver os diferentes problemas propostos pelo jogo.

LENDAS SOBRE A ORIGEM DO JOGO

Existem muitas explicações e lendas sobre a origem do Tangran, desde histórias relativas à cultura do povo chinês até histórias semelhantes a contos de fadas. Apresentamos a seguir, duas versões bastante conhecidas. É sempre interessante compartilhar com os alunos algumas peculiaridades sobre jogos, ampliando o universo de informações e diversificando as formas de conhecimento a respeito do material. Tal conduta transforma a relação do jogador com o jogo: de simples usuário, ele passa a "proprietário" da cultura e do contexto que subjaz àquele material.

LENDA 1: "Há muito tempo, na China, um mestre vivia com seu aprendiz, ensinando-lhe muitas coisas sobre a vida. Um dia, o mestre disse ao rapaz que já estava preparado para sair pelo mundo e fazer suas próprias descobertas. Para registrar tudo o que aprendesse ao longo de sua viagem, deveria levar consigo um maço de folhas de arroz, um pedaço de carvão e uma cerâmica quadrada. Sem saber muito bem o que fazer com aqueles objetos, o aprendiz partiu para sua caminhada. Um dia, deixou a cerâmica cair e esta se partiu em sete pedaços. Tentando remontá-la, percebeu que com apenas aqueles cacos podia formar muitas figuras diferentes e foi assim que conseguiu cumprir sua missão de registrar suas descobertas".

LENDA 2: "Era uma vez, uma linda princesa que tinha um espelho quadrado. Ela adorava esse espelho e olhava-se nele todos os dias. Certo dia, ele caiu no chão e quebrou-se em sete pedaços. A princesa ficou muito triste, mas ninguém no castelo conseguia consertá-lo. Seu pai, o rei, lançou um desafio: quem conseguisse montar o espelho igual ao original poderia casar-se com sua filha. Então, um jovem viajante aceitou o desafio e foi capaz de reconstruir o espelho para a princesa. Assim, casaram-se e viveram felizes".

ATIVIDADES

O material do Tangran possibilita a criação de várias atividades, dependendo do recorte e do objetivo que o profissional define. Assim, é possível trabalhar com temas relativos à matemática, muitos deles já descritos em materiais didáticos, como, por exemplo, descobrir proporções entre as peças, fazer cálculos sobre área, estabelecer relações geométricas, etc. Outra possibilidade é trabalhar a construção de figuras de acordo com o modelo, utilizando os diversos materiais disponíveis no mercado sobre esse jogo.

Em nossa experiência com o Tangran, identificamos diferentes graus de desafio para a construção de figuras, de acordo com modelos previamente dados:

1. Copiar a solução de uma figura cujo modelo indica o lugar de cada peça, sendo este de tamanho menor que as peças com as quais a criança vai trabalhar (trabalho de correspondência).
2. Construir uma figura cuja área apresenta várias "pontas", sendo possível sobrepor as peças no modelo.
3. Construir uma figura cuja área é um bloco (sem "pontas"), sendo possível sobrepor as peças no modelo.
4. Construir uma figura cuja área apresenta várias "pontas", sem a possibilidade de sobrepor as peças, por ser o modelo de tamanho menor.
5. Construir uma figura cuja área é um bloco, sem a possibilidade de sobrepor as peças no modelo, por ser de tamanho menor.

FIGURA 4.2 Construção de figuras com diferentes temas em modelos sobreponíveis.

Além desses usos mais conhecidos, podemos ampliar o universo de propostas com o Tangran. A exploração das peças e a construção de quadrados podem ser consideradas como situações-problema iniciais, por constituírem desafios com um número variável de peças, fazendo com que o jogador observe e descubra as relações entre elas por meio de pequenos recortes. A construção de peças com papel possibilita um maior contato com o material, vivenciando o processo de trás para frente, isto é, a partir do quadrado inteiro retira-se peça por peça. A resolução de situações-problema é composta por atividades cujo objetivo é construir figuras, sempre utilizando as sete peças. Essas propostas

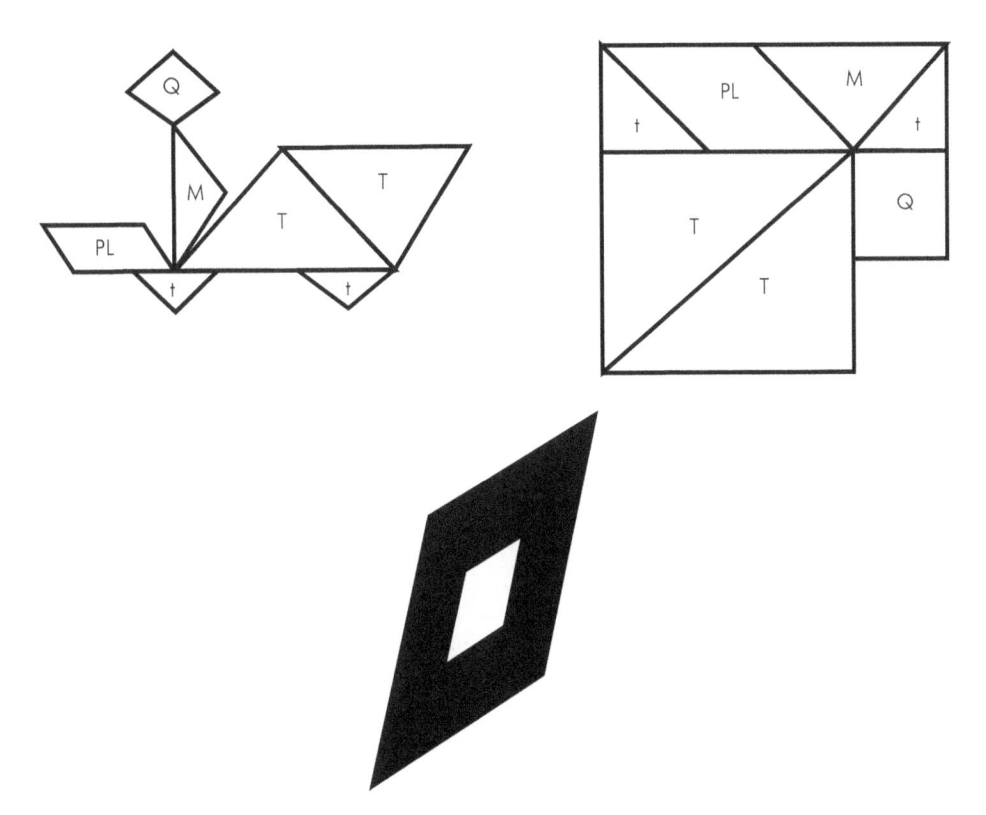

FIGURA 4.3 Exemplos de figuras com diferentes graus de desafio.

têm pelo menos duas vantagens. Uma é aumentar o tempo de trabalho com o material, envolvendo diferentes conteúdos (desde a própria geometria até tópicos da língua portuguesa) e instigando a discussão sobre questões relativas a atitudes. A outra é ajudar os jogadores a adquirirem mais conhecimento sobre as relações entre as peças, o que favorece – mas, não garante! – resultados bem-sucedidos nas construções.

Exploração das peças

Muitas vezes, as pessoas dizem que já conhecem esse jogo. No entanto, a partir de algumas perguntas, logo percebemos que tal conhecimento é superficial. Uma atividade divertida é fazer esse levantamento prévio, sem que os jogadores possam ver as peças, para que confrontem seus conhecimentos com o material real. Isso pode ser feito por meio de algumas perguntas: quantas e quais peças compõem o jogo? Há tamanhos diferentes? Existem peças iguais?

Quais são elas? Depois dessa conversa inicial, o material é distribuído, visando a explorar a nomenclatura das peças e destacando suas características geométricas (número de lados, ângulos, lados paralelos, vértices, etc). Nesse momento, alguns desafios podem ser propostos com o objetivo de instigar os jogadores a observarem que cada peça pode ocupar diferentes disposições espaciais na formação de uma figura, bem como incentivar a descoberta de novas figuras fazendo uso das mesmas peças. Por exemplo:

a) Que figuras podem ser formadas com dois triângulos pequenos?
b) Como fazer um trapézio retângulo (▱) sendo uma das peças o quadrado? E se uma das peças for o paralelogramo?
c) É possível fazer um trapézio (◁▷) só com triângulos? Se sim, como?

Construção de quadrados

Também é freqüente as pessoas afirmarem que sabem jogar Tangran, mas poucas conseguem montar figuras-modelo com facilidade. Por isso, em continuidade à atividade anterior, pode-se propor a construção de quadrados usando um número crescente de peças. Eles podem ser formados por uma, duas, três, quatro, cinco, seis ou sete peças. O de uma peça já é parte do material, e os outros devem ser construídos. Para montar o quadrado de duas peças, existem duas soluções: unir os dois triângulos pequenos ou os dois grandes. Com três peças, deve-se utilizar o triângulo médio e os dois pequenos. Com quatro peças, há mais de uma solução: usar os triângulos (grande, médio e dois pequenos); usar o triângulo grande, dois triângulos pequenos e o quadrado; usar o triângulo grande, dois triângulos pequenos e o paralelogramo. Com cinco peças, os triângulos grandes são as peças excluídas. Com seis peças, a construção é impossível, pois o próprio material não permite. A construção do quadrado com sete peças é o desafio original do jogo.

Propor o registro das diferentes soluções também é uma atividade bastante enriquecedora para a compreensão das relações entre as partes, desde que quem o faça perceba uma regularidade muito importante durante a produção dos desenhos. Para se fazer uma figura "perfeita", as peças devem ser desenhadas tendo como referência o ponto médio das retas que delimitam cada forma.

Construção de peças com papel

Este é um ótimo exercício para fazer com que as crianças trabalhem a coordenação motora e a organização. Distribui-se um quadrado de papel e, a partir de instruções, os jogadores são convidados a "quebrar" esse quadrado, fazendo dobras que possibilitem destacar as sete peças, sem o uso de tesouras ou régua. As ações são as seguintes:

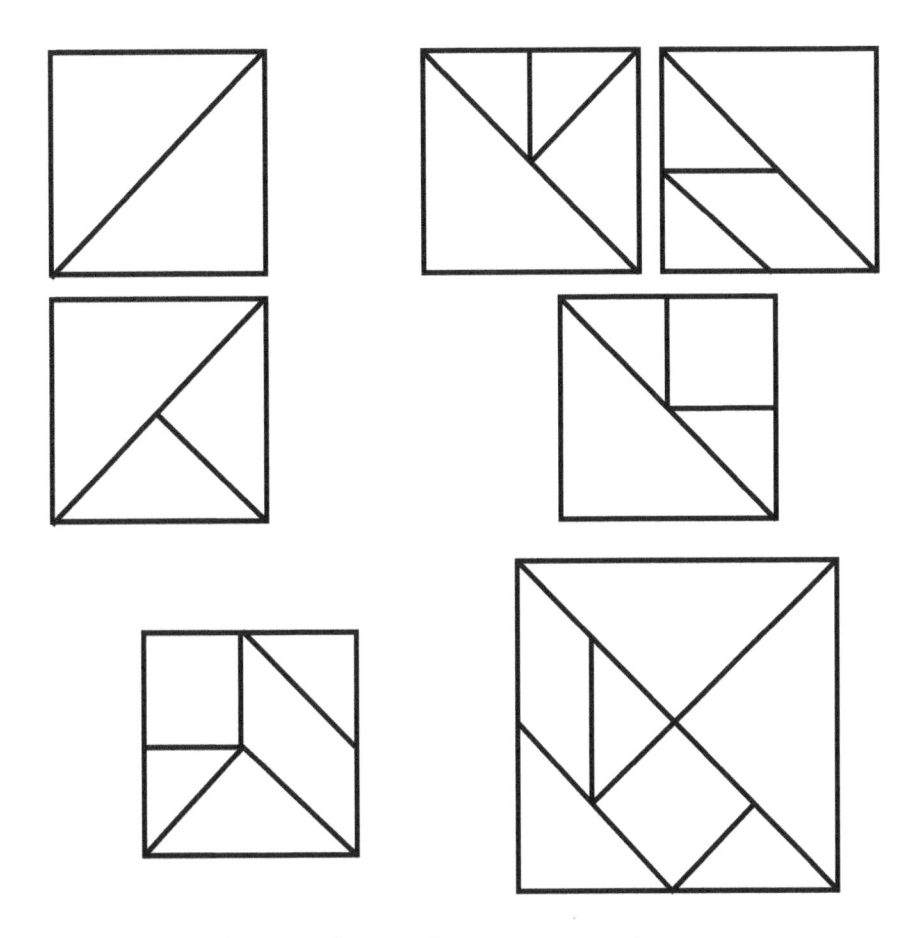

FIGURA 4.4 Soluções de quadrados com duas, três, quatro, cinco e sete peças.

a) Dobre o quadrado ao meio (na diagonal), formando dois triângulos iguais e destacando-os.

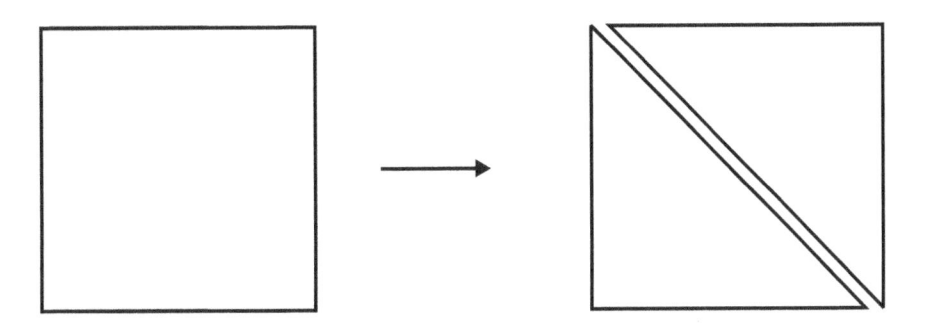

b) Pegue um dos triângulos e dobre novamente ao meio, formando mais dois triângulos iguais e destacando-os. Estes são os dois triângulos grandes do jogo e já estão prontos.

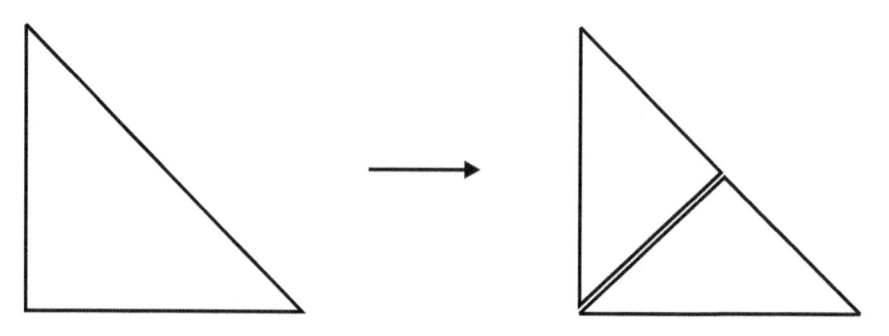

c) Com o outro triângulo que sobrou no item a, serão feitas as outras cinco peças. Primeiro, deve ser feita uma marca no meio do lado maior (hipotenusa), unindo-se suas pontas.

meio da
hipotenusa

d) Pega-se a ponta do ângulo de 90° e coloca-se sobre o ponto médio definido no item c e realiza-se a dobra. Isso delimita o triângulo médio do jogo, que deve ser destacado e também está pronto.

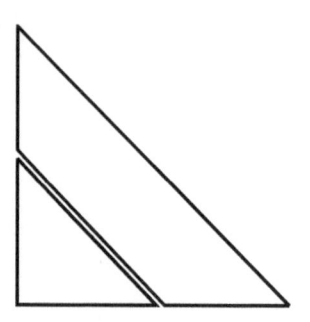

e) A figura restante é um trapézio isósceles, mais conhecido pelas crianças como "barquinho". Ele deve ser dividido e separado em duas partes iguais, formando dois trapézios retângulos ("botinhas").

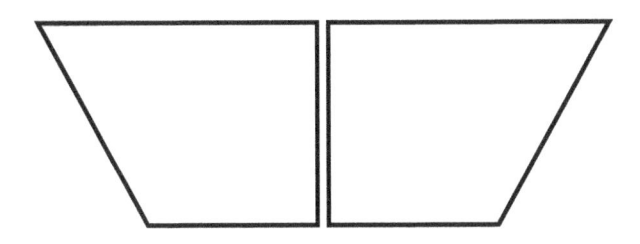

f) Com um deles, serão formados o quadrado e um dos triângulos pequenos. Para isso, deve-se unir as pontas do lado maior do trapézio. Faz-se a dobra e destaca-se.

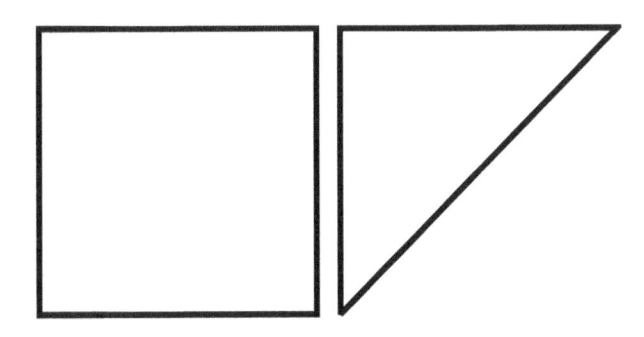

g) Com o outro trapézio retângulo, deve-se unir o vértice do ângulo reto do lado maior com o vértice oposto em diagonal, formando o paralelogramo e o outro triângulo pequeno.

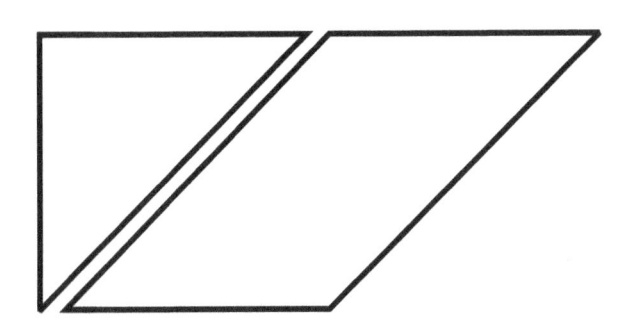

Pode-se pedir aos alunos que reconstituam o quadrado inicial, tentando recapitular as etapas realizadas anteriormente nesse trabalho. O objetivo é verificar se o que foi conquistado pode ser refeito e até mesmo generalizado para outras construções. Ao tentar montar o quadrado novamente, a pessoa teria muito mais condições de ser bem-sucedida na tarefa se fizesse o procedimento inverso, mas isso nem sempre ocorre espontaneamente. Nesse momento, é muito adequado um trabalho de intervenção para justificar e destacar a função de tais procedimentos, estabelecendo paralelos entre essa atividade e outras situações do cotidiano escolar em que ela se aplica.

Para aproveitar ainda mais o material (peças de papel), pode-se propor uma atividade de colagem: as crianças inventam uma figura usando todas as peças, colam em uma cartolina e completam a cena, desenhando ou pintando, para formar um quadro (Figura 4.5).

Resolução de situações-problema

Enfrentar e resolver desafios constitui-se em uma instigante forma de aprender, atualmente muito valorizada pelas escolas. Com o Tangran, há diversas alternativas de se criar um contexto de atividades que representam obstáculos a serem superados, exigindo persistência, análise das possibilidades e mobilização de recursos favoráveis à solução dos problemas por parte dos jogadores. Em termos práticos, podem ser propostas diversas situações-problema, as quais apresentam diferentes graus de desafio, fazendo com que os jogadores sempre utilizem todas as peças que compõem o material para construir figuras.

Sugestões:

a) Desenhar todas as peças do Tangran, tentando verificar se o jogador sabe quais são e como traçá-las na devida proporção.
b) Construir uma figura com base sobreponível, cuja solução apresenta uma peça já colocada (triângulo grande na vertical).

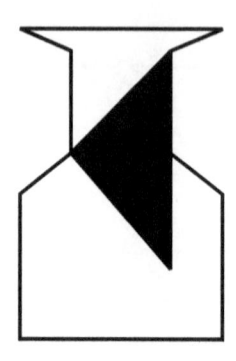

FIGURA 4.5 Construção de figuras com peças de papel (oficinas do LaPp).

c) Construir uma figura com base não-sobreponível (1/3 menor do que as peças em uso), que apresenta duas áreas delimitadas.

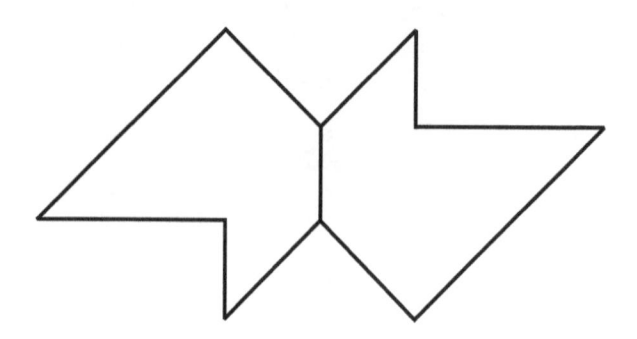

d) Construir uma figura com base sobreponível e registrar a solução em modelo de mesmo tamanho.

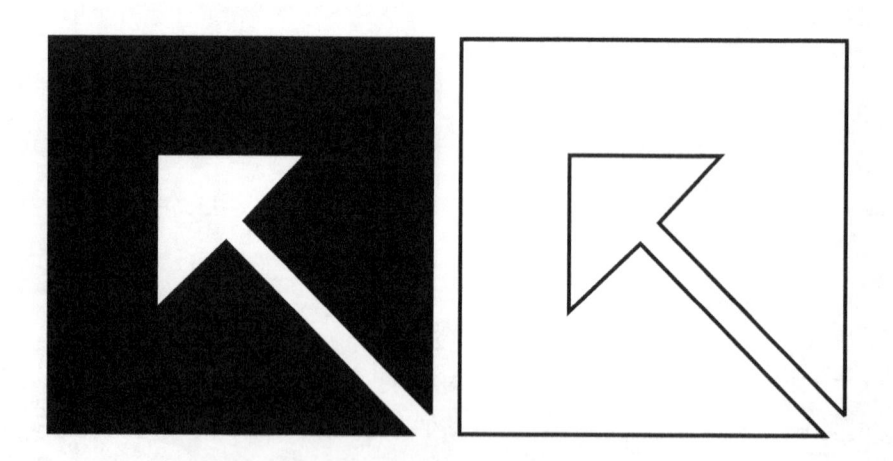

e) Construir uma figura com base sobreponível e registrar a solução em modelo de mesmo tamanho, porém invertido.

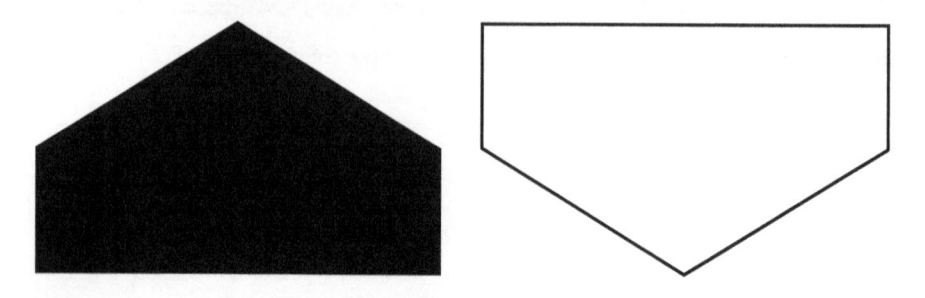

f) Construir uma figura com base não-sobreponível (1/4 do tamanho das peças) e registrar a solução em modelo também 1/4 menor.

g) Inventar uma figura e registrar sua solução (as figuras podem ser inventadas livremente, ou pode-se pedir aos alunos que façam figuras com temas: objetos, animais, blocadas, com pontas, abstratas, etc).

h) Resolver um desafio. Por exemplo: para construir as duas figuras abaixo, um jogador utilizou somente seis peças de um Tangran. Escreva o nome da peça que não foi usada.

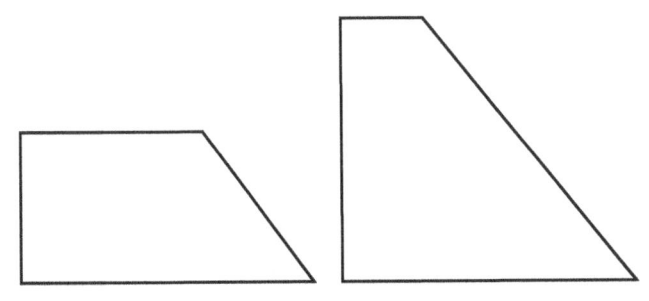

i) Construir uma figura a partir de instruções. Por exemplo: descubra a figura formada com peças do Tangran e desenhe a solução: (a) pegue dois triângulos pequenos e um quadrado, (b) coloque o quadrado com apenas um bico para baixo, (c) encoste uma lateral pequena de um dos triângulos em um dos lados de cima do quadrado, (d) faça o mesmo com o outro triângulo.

Soluções possíveis:

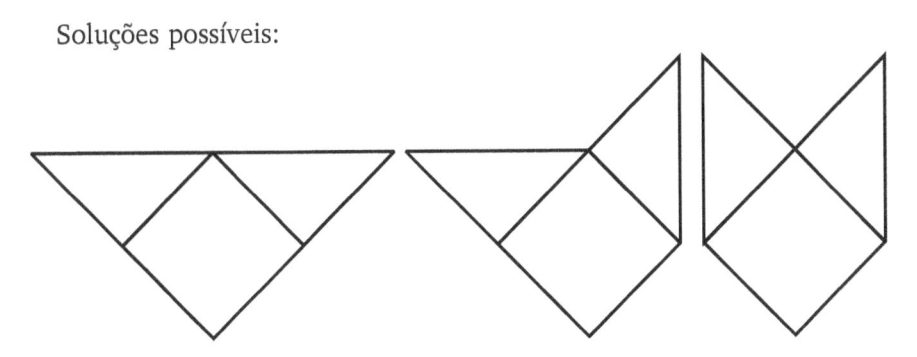

Representação da lenda

Utilizar as lendas do Tangran também pode ser um ótimo ponto de partida para desencadear um trabalho de representação, produção ou interpretação de texto.

a) Uma atividade possível é escolher uma lenda e contá-la para os alunos, pedindo que a registrem em três partes. Eles devem eleger três momentos ou elementos significativos da história. Depois disso, devem representá-los utilizando em cada um deles todas as peças do jogo. Por exemplo: em um trabalho realizado com crianças de 3ª série do ensino fundamental, apareceram os seguintes elementos para representar a lenda da princesa: (a) castelo, princesa e espelho quebrado; (b) espelho inteiro, espelho quebrado e viajante; (c) princesa, espelho quebrado e viajante. Cada criança mostrou sua produção e após realizou-se uma discussão destacando os seguintes pontos: elementos comuns entre produções (semelhanças) e recortes que cada um fez ao ouvir a história (diferenças). A conclusão a que se chegou é que, para uma mesma história, há diferentes interpretações igualmente válidas, sendo que todas tinham pelo menos um ponto comum entre si. É interessante instigar as crianças a perceberem a amplitude das representações possíveis, sem que a história seja alterada em sua essência. Como encerramento dessa atividade, foi proposto que cada criança fizesse a reescrita da lenda, tomando como referência os elementos que elegeu para sua representação (Figura 4.6).

b) Outra possibilidade é trabalhar com o texto de uma das lendas de diferentes formas. Uma delas é apresentar o texto lacunado, com uma lista de palavras para serem usadas nos espaços. Por exemplo:

TANGRAN – LENDA (2)

Há muito tempo na _____, um mestre vivia com seu _____, ensinando-lhe muitas coisas sobre a vida. Um dia, o _____ disse que o aprendiz já estava preparado para sair pelo _____ e fazer suas descobertas sozinho. Para registrar o que aprendia, deveria usar folhas de _____, um pedaço de carvão e uma cerâmica quadrada. Sem saber o que fazer, o aprendiz partiu para sua _____. Um dia, deixou a cerâmica cair e esta se partiu em 7 pedaços. Tentando montá-la, percebeu que podia _____ muitas figuras diferentes e foi assim que conseguiu cumprir sua _____ de registrar suas descobertas.

LISTA DE PALAVRAS:

China – Aprendiz – Mestre – Mundo
Arroz – Caminhada – Fazer – Missão

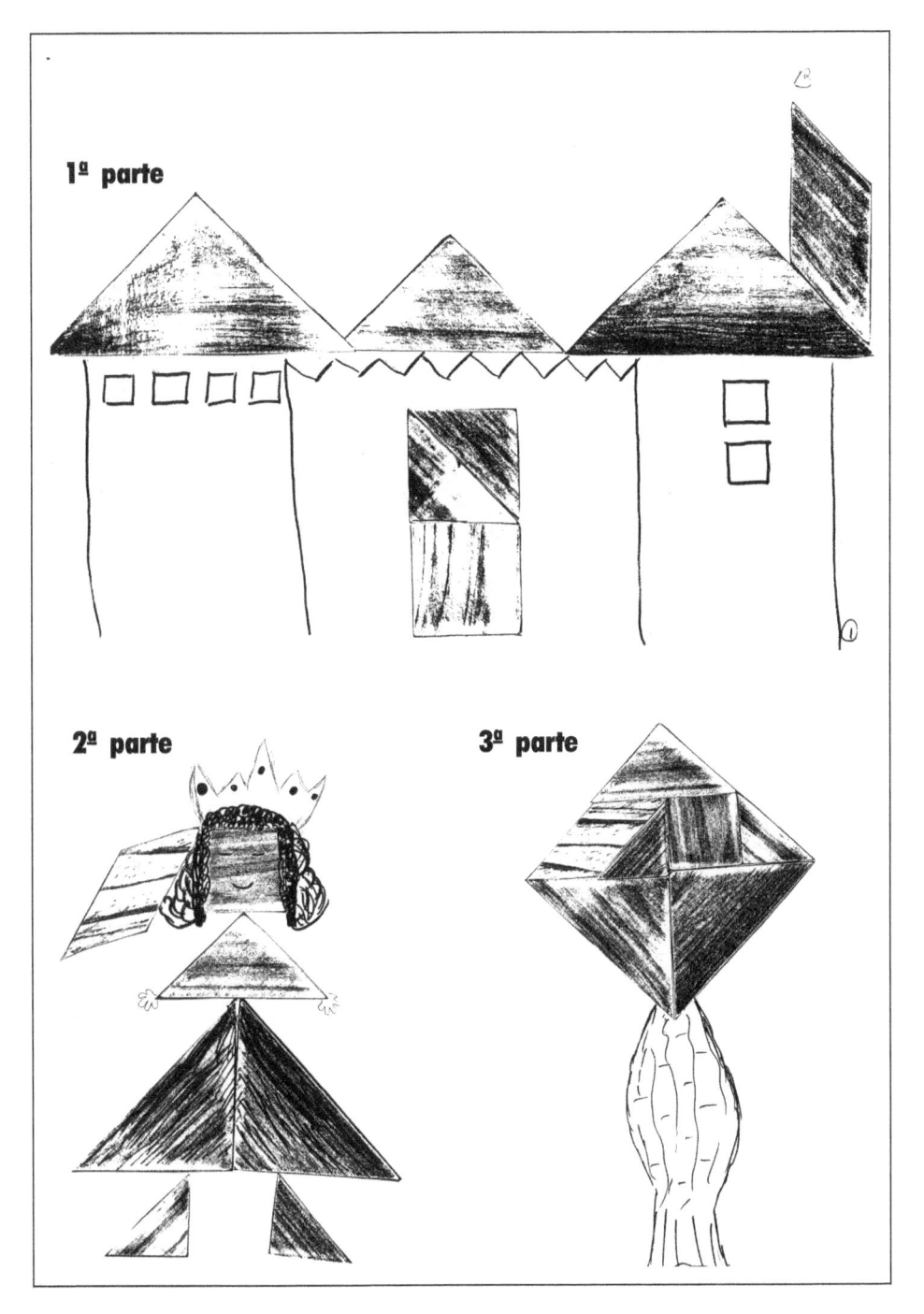

FIGURA 4.6 Representação da lenda em três partes, realizada por uma criança.

1º ATO

Era uma vez, uma linda princesa que passava seus dias se admirando no seu espelho...

2º ATO

..... um certo dia o espelho caiu e quebrou-se em sete pedaços...

3º ATO

... o futuro príncipe foi aquele que conseguiu restaurar o espelho juntando as sete peças.

FIGURA 4.7 Construção feita por uma criança a partir da leitura de cada trecho.

FIGURA 4.8 Outras atividades com Tangran envolvendo Língua Portuguesa e geometria
(*Continua*).

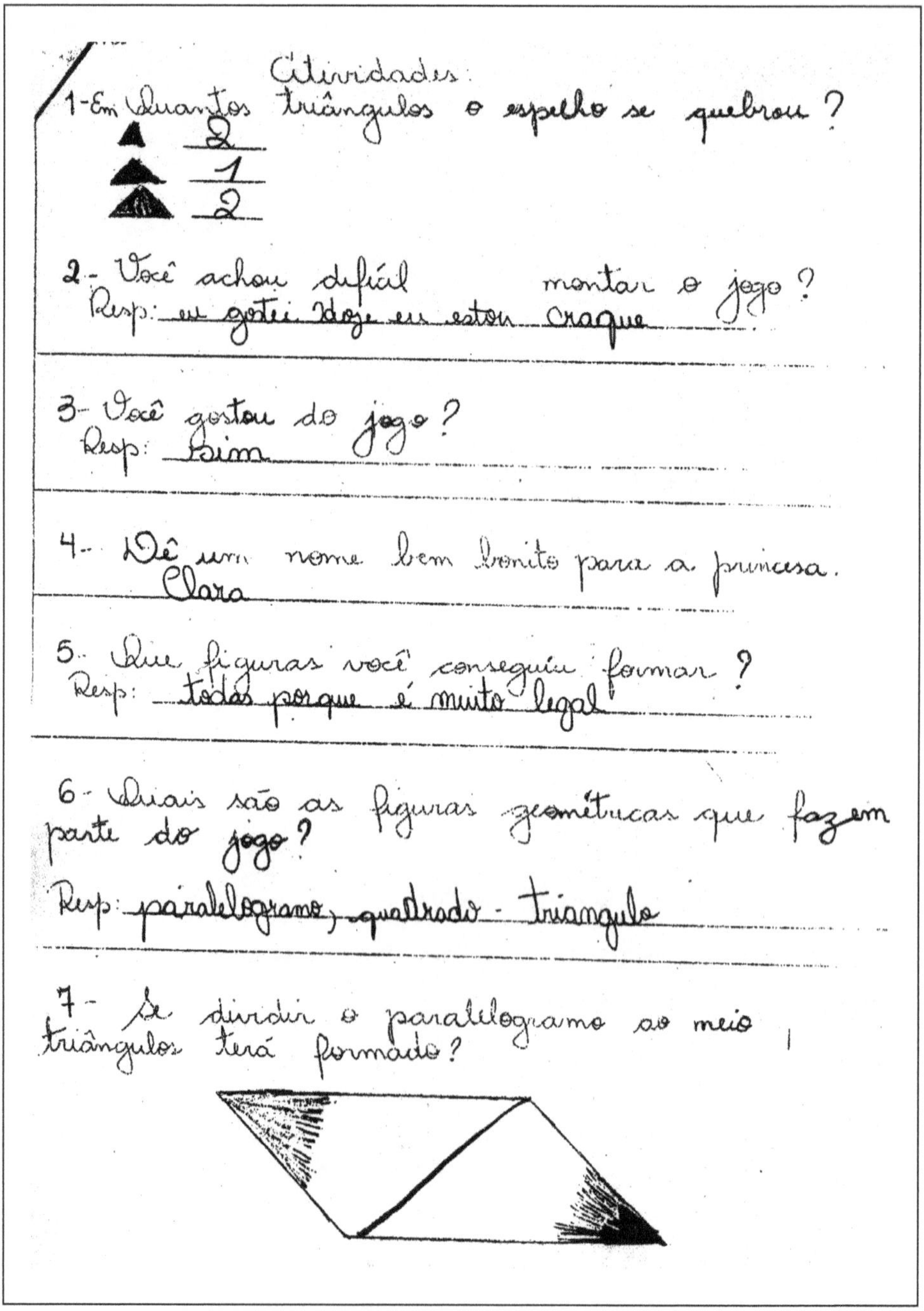

Atividades:

1-Em Quantos triângulos o espelho se quebrou?

▲ 2
▲ 1
▲ 2

2- Você achou difícil montar o jogo?
Resp: eu gostei Hoje eu estou Craque

3- Você gostou do jogo?
Resp: sim

4- Dê um nome bem bonito para a princesa.
Clara

5- Que figuras você conseguiu formar?
Resp: todas porque é muito legal

6- Quais são as figuras geométricas que fazem parte do jogo?
Resp: paralelograma, quadrado - triângulo

7- Se dividir o paralelogramo ao meio, triângulos terá formado?

FIGURA 4.8 (cont.).

c) Tomando-se ainda a lenda como referência, pode-se apresentar o texto dividido em partes, cada uma escrita em uma página, propondo que os alunos, individualmente, elejam um elemento relevante daquele trecho e o representem com o material do Tangran. O objetivo dessa atividade é, portanto, a construção de uma história ilustrada, sendo interessante propor que os alunos compartilhem entre si os resultados: tanto das figuras que representaram cada parte quanto dos arranjos das peças que as constituíram.

Trabalhar com o material do Tangran, para quem tem criatividade e desejo de usá-lo, constitui uma fonte inesgotável de recursos. Mencionamos apenas algumas possibilidades, a título de ilustração, e sabemos que muito mais já está sendo feito. Professores que costumam usar jogos em sala de aula relatam que o Tangran também é muito útil para aproximar diferentes áreas, não se restringindo ao uso em Matemática, e que o aproveitam para trabalhar com a construção de textos em língua portuguesa, para introduzir nomenclaturas referentes ao desenho geométrico ou para trabalhar com educação artística.

IMPLICAÇÕES

Um recorte bastante adequado que pode ser feito para analisar as implicações do uso do Tangran é o aspecto afetivo. Observar crianças – e adultos! – jogando pode fornecer ao profissional importantes informações sobre o impacto do jogar no que se refere ao comportamento e às atitudes. Alegria, medo, perseverança, raiva, entusiasmo, ansiedade, entre outros, comumente aparecem como expressão de sentimentos decorrentes do contato com o jogo.

Segundo Macedo (1992, p. 138), do ponto de vista afetivo, os jogos de regras também abarcam um universo relacional que supõe muitos desafios, tais como:

> ... competir com um adversário ou vencer um objetivo; regular o ciúme, a inveja, a frustração; adiar o prazer imediato, já que urge cuidar dos meios que nos conduzem a ele; submeter-se a uma experiência de relação objetal, de natureza complementar, já que o outro faz parte da situação; subordinar-se a regras que limitam nossa conduta; enfim, entregar-se a um outro, abrindo-se para o imprevisível disso, para nosso terror ou êxtase.

Assim, podemos ter uma idéia, ainda que resumidamente, da diversidade de ações de cunho emocional desencadeadas como decorrência do jogar. Devemos estar atentos para as eventuais manifestações por parte das crianças, procurando lidar com isso da forma mais adequada, de acordo com os objetivos da proposta, a qual é diferente nos contextos clínico e escolar. Atividades com jogos como o Tangran podem criar um contexto interessante para conhecer os alunos, especialmente porque favorecem a expressão de pensamentos e sentimentos, bem como possibilitam aprendizagens significativas.

Cañeque (1991) afirma que, por meio dos jogos, as crianças vivenciam e enfrentam situações de conflito que, ao serem resolvidas, podem ser transferidas para outros momentos. Os professores devem, quando possível, ajudá-las a perceber que estão sendo capazes de realizar determinadas tarefas que não conseguiam, além de alcançar certos resultados anteriormente considerados impossíveis. O Tangran é um bom jogo para trabalhar com essas questões, pois o jogador enfrenta desafios desde o momento em que começa a escolher os lugares para cada uma das peças. Decidir colocar o quadrado em um determinado espaço, por exemplo, traz como conseqüência a negação de outras peças para aquele mesmo lugar, assim como a articulação adequada para a colocação das demais. O conflito configura-se quando essas decisões não resultam na figura idêntica ao modelo. Nessa situação, há algumas perguntas que devem ser feitas: o que o aluno faz? Analisa novamente o espaço? Reorganiza as peças de outra forma? Busca novas relações entre elas? Analisar as informações obtidas e discuti-las com os alunos é fundamental para ajudá-los a mobilizarem recursos a fim de solucionar o conflito. Quando conseguem construir uma figura, conscientizando-se das ações necessárias para isso e das atitudes desempenhadas frente à tarefa, sentem-se realizados e capazes de enfrentar novos desafios, o que representa uma importante conquista. Esta não está circunscrita somente ao momento do jogo, podendo ser ampliada, através da intervenção do professor, para outros contextos, favorecendo o enfrentamento dos desafios do cotidiano escolar com mais segurança.

Chateau (1987, p. 100-101) é outro autor que valoriza o jogo, destacando a importância da observação de diferentes manifestações do ponto de vista afetivo, social, motor e moral:

> No jogo, a criança mostra, aliás, sua inteligência, sua vontade, seu traço dominante, sua personalidade, enfim. Todo pedagogo digno desse nome há muito está atento a essas múltiplas indicações dadas pela maneira de jogar/brincar.

Desse modo, podemos concluir que é fundamental querer conhecer os alunos e criar situações que possam convidá-los a crescer, a expressar seus sentimentos em relação ao conhecimento, tanto no que se refere às dificuldades quanto aos interesses. Em uma palavra, consideramos de grande valor o trabalho do profissional que atua integrando – dentro do possível – os aspectos afetivos e cognitivos presentes nas diversas situações escolares. Segundo Piaget (1928, p. 26):

> ... uma criança não saberia dizer tudo a seu professor, uma vez que ela tem necessidade de ser bem vista, de passar por bom aluno, em suma, de pensar no seu futuro escolar. Ela procura então, antes de tudo, não dizer besteiras e agir de acordo com as saudáveis tradições da classe.

Um professor experiente e observador é capaz de antecipar sentimentos, imaginar dificuldades ou supor dúvidas que serão geradas no contexto de sala de aula. Ao dialogar com seus alunos, abrirá um espaço para o surgimento de perguntas que, ao serem solucionadas, colaboram para aliviar a tensão e diminuir os medos. Em geral, essa postura por parte do professor não custa tanto e gera conseqüências bem mais profundas do que se imagina! O trabalho com o Tangran traz à tona esses aspectos, favorecendo a comunicação e a abrangência de várias áreas no âmbito dos conteúdos escolares. Ainda que nosso trabalho esteja mais diretamente voltado para questões de ordem cognitiva, não podemos negar a influência do aspecto afetivo no desenvolvimento e na aprendizagem. Sem desejo, interesse e motivação, torna-se muito difícil supor a possibilidade de aquisição de conhecimento. As relações afetivas estabelecidas interferem sobremaneira nesse processo: todos nós sabemos como é difícil trabalhar em um ambiente hostil e desfavorável. Como somos adultos, geralmente temos mais recursos, aprendemos a nos proteger ou desistimos de tal tarefa. O mesmo se passa com as crianças, mas com a desvantagem de muitas vezes não saberem se defender e, simultaneamente, não terem alternativa senão permanecer no contexto, mesmo sem entender por quê. Assim, é preciso estar alerta a esse fato, cuidando para que não se sintam tão impossibilitadas de aprender por lhes faltar estímulo, coragem e vontade. Acrescentamos que, mais uma vez, os jogos de regras podem ser um instrumento para resgatar o sentido, o interesse e a possibilidade de as crianças estabelecerem uma relação melhor com o meio e as pessoas com quem convivem.

Ainda sobre a relação entre os aspectos afetivos e cognitivos, três citações podem ser apresentadas sobre o presente tema:

> É incontestável que o afeto exerce um papel essencial no funcionamento da inteligência. Sem afeto não haveria interesse, necessidade, motivação e, conseqüentemente, não haveria inteligência (Piaget, 1962, p.1).

> Toda educação moral visa justamente fazer com que as crianças sejam capazes de controlar seus sentimentos, seus desejos, em nome de um ideal social ou grupal (...) O desenvolvimento da inteligência permite, sem dúvida, que a motivação seja despertada por um número cada vez maior de objetos ou situações. Todavia, ao longo desse desenvolvimento, o princípio básico permanece o mesmo: a afetividade é a mola propulsora das ações e a razão está a seu serviço (De La Taille et al., 1992, p. 64-65).

> Longe de serem opostos entre si, emoção e conhecimento, desejo e objeto, são dois lados da mesma moeda e têm sua origem comum na evolução biológica da socialização humana e no desenvolvimento individual de cada criança (Furth, 1987, p.172).

Imagem e Ação – Qual é a Mensagem?: interpretando procedimentos[1]

5

IMAGEM E AÇÃO

Este jogo, fabricado pela Grow, propõe o desafio de, por meio de imagens ou desenhos, fazer com que um ou mais jogadores descubram uma palavra sorteada dentre várias cartas, no tempo determinado por uma ampulheta. O papel de quem sorteia a palavra e deve desenhá-la é, portanto, o de transmitir uma mensagem a um público que pretende descobri-la, interpretando o desenho. Quem o fizer primeiro, dentro do prazo, será o próximo a sortear uma carta.

Material e regras

O material, referente ao Imagem e Ação "Júnior", consiste em aproximadamente 120 cartas (azuis para as crianças mais novas e vermelhas para as mais velhas), com quatro palavras escritas em cada uma, numeradas de 1 a 4. Essa numeração corresponde ao grau crescente de dificuldade, determinado pelo inventor do jogo, para realizar a tarefa de desenhar. Um jogador sorteia uma carta e lê silenciosamente a palavra escrita no número correspondente ao

---

[1]As idéias aqui apresentadas foram desenvolvidas em parceria com Valquíria Carracedo e Gisele Escorel de Carvalho, no contexto das Oficinas de Jogos para Alunos da Escola Fundamental, realizadas no LaPp (Laboratório de Psicopedagogia do Instituto de Psicologia da USP).

combinado com o grupo. Em seguida, vira-se a ampulheta e ele produz imagens que representem a sua palavra em uma minilousa plastificada que acompanha o material. A rodada termina quando alguém a descobre, ou quando o tempo se esgota. Quem descobriu a palavra ganha um ponto e será o próximo a desenhar. Se não for descoberta, o jogador a revela ao final do tempo e sorteia-se o próximo.

Exemplos de cartões:

1. Cachorro	1. Pneu	1. Menino
2. Pedra	2. Panela	2. Bolo
3. Anel	3. Nuvem	3. Lágrima
4. Correr	4. Cavar	4. Vapor

Adaptações

O material em si e as regras, de acordo com a proposta do fabricante, já são interessantes e apresentam diferentes possibilidades para jogar. Contudo, a idéia não é restringir-se a elas, mas sim procurar criar um contexto de situações-problema em que desafios e obstáculos devam ser superados como condição para o aluno melhorar seu desempenho ao jogar e, principalmente, para desenvolver atitudes e competências favoráveis à aprendizagem escolar. Esse contexto e esses procedimentos caracterizam uma das formas de avaliação por nós valorizadas nos atendimentos. Para tanto, propomos algumas adaptações mobilizadoras, que corroboram o desenvolvimento do nosso projeto de trabalho.

1. Variar o lugar: se o grupo tem pelo menos quatro crianças, é divertido utilizar uma lousa grande como recurso, criando a possibilidade de ampliação do espaço onde os desenhos devem ser feitos. Isso facilita a visualização do desenho e permite uma participação melhor de todas as crianças. Em vez da lousa, pode-se também usar lápis e papel.
2. Variar a dinâmica: pode-se propor que duas crianças planejem o desenho para uma executá-lo ou, ainda, que sejam formadas duas equipes para jogarem uma contra a outra. Nesse caso, o desenhista sempre deve pertencer ao grupo que vai descobrir a palavra, o que faz com que seu empenho seja o melhor possível, evitando que desenhe "mal" só para prejudicar seus adversários.
3. Variar as regras: em vez de restringir-se aos critérios de dificuldade predeterminados pelo fabricante, pode-se distribuir um certo núme-

ro de cartas (por exemplo, 8) para um grupo de crianças e pedir que escolham, segundo seus critérios, as mais difíceis de desenhar, considerando somente as palavras do número 4 de cada carta. Nas próximas rodadas, primeiramente devem ser utilizadas as cartas apontadas como sendo mais fáceis e, depois, somente as mais difíceis. Dessa forma vai aumentando-se o grau de desafio respeitando-se o que foi estabelecido pelas próprias crianças. Em geral, isso é bastante mobilizador, pois elas participam de fato e tornam-se, juntamente com o adulto, responsáveis pela organização da tarefa. Pode acontecer que alguma criança tenha maior facilidade de identificar o desenho produzido, se foi ela quem analisou e selecionou o cartão que está sendo desenhado. Para evitar tal situação, o adulto deve registrar as palavras classificadas pelos grupos, propondo que o mesmo seja o produtor dos desenhos referentes a elas.

4. Variar o tempo: a ampulheta estabelece um tempo que é, algumas vezes, insuficiente para trabalhar com crianças que sejam mais novas, ou que apresentem dificuldade para jogar. Se o objetivo é valorizar o empenho e a mobilização de recursos próprios no intuito da comunicação, vale a pena ampliá-lo, aumentando o número de viradas da ampulheta ou, até mesmo, dispensando sua utilização.

5. Variar a pontuação: ganha ponto quem desenha, e não quem descobre; assim, em vez de atribuir ponto para a pessoa ou para o grupo que descobriu a palavra, o desenhista ganha, desde que o faça dentro do tempo estipulado para a execução do desenho.

Análise de procedimentos

O jogo Imagem e Ação exige uma constante regulação das ações (produzir imagens) em função das palavras ditas pelo público. Ao observar uma situação como esta, o profissional pode aproveitar para investigar as formas de resolução dos jogadores com vistas a cumprir o objetivo do jogo. Uma ação indispensável é registrar o que a criança elege para representar a palavra sorteada, ou seja, identificar que imagens ela cria para resolver o problema, sem necessariamente ser bom desenhista. Isso sugere que ela fez para si mesma a seguinte pergunta: "O que não pode faltar no meu desenho?". Sua resposta, visível no desenho e interpretada por nós como investigadores de seu pensamento, deverá contemplar um ou mais dos seguintes itens:

a) o próprio objeto que representa a palavra;
b) o contexto ao qual esse objeto pertence;
c) indícios característicos desse objeto;
d) elementos que contribuem para focar o olhar de quem vai descobrir.

Nos dois exemplos ilustrados (gato e cachorro-quente), pode-se verificar as mudanças produzidas pelos jogadores em função da não-compreensão da palavra escondida. No primeiro caso, os oponentes disseram "urso, cachorrinho e carneiro" como hipóteses iniciais, o que fez o jogador acrescentar bigodes e mudar a forma das orelhas, do rabo e da boca. No segundo caso, os primeiros palpites foram "estrada, ponte e relógio". Como o jogador teve dificuldade de modificar o desenho, pediu ajuda a outra criança, que produziu uma imagem completamente diferente, alterando a forma do pão e adicionando um objeto (recipiente de molho), o que ajudou na compreensão da palavra.

FIGURA 5.1 Exemplos de desenhos feitos por crianças.

A presença ou ausência dos indícios citados oferece importantes informações:

a) Indica a possibilidade ou não de comunicar-se por essa via (linguagem gráfica).
b) Informa sobre a qualidade da expressão e da produção de uma idéia.

c) Dá pistas sobre a flexibilidade da criança em articular o que foi planejado, está sendo produzido e é, simultaneamente, apreciado pelos que devem descobrir a imagem.

d) Permite perceber com maior clareza o tipo de reação da criança frente à impossibilidade de criar uma imagem compreensível pelos oponentes.

Nesse momento do jogo, ela deve fazer a seguinte pergunta para si mesma: "Os outros parecem estar compreendendo meu desenho, ou o que estão falando não têm relação alguma com o que estou fazendo?". Deve questionar-se em ação, porque não basta fazer um projeto teórico de desenho que não permita a descoberta da palavra na prática. Uma conclusão a que o jogador chega, a partir de sua vivência como desenhista, é que a comunicação configura-se em um processo que acontece durante todo o tempo, e não apenas no final da partida.

Outras duas situações, descritas a seguir, também servem como ilustração para esta discussão.

Situação 1

a) Palavra sorteada: lágrima.
   Desenho feito pela criança: uma lágrima.
   Palavras ditas pelo público: pingo, gota, chuva, água, suor, escorrido.

b) Palavra sorteada: pedra.
   Desenho feito pela criança: uma pedra.
   Palavras ditas pelo público: esponja, bola, mapa, poça, buraco.

c) Palavra sorteada: pneu.
   Desenho feito pela criança: um pneu.
   Palavras ditas pelo público: biscoito, prato, bambolê, polvilho.

Nos três exemplos, a comunicação não aconteceu no tempo da ampulheta. Os desenhos em si não estavam errados, nem mal feitos. Então, o que falhou? O sujeito ficou muito restrito aos objetos em si, sem apresentar um contexto que pudesse colaborar para a compreensão das imagens produzidas. Em termos descritivos de sua conduta, podemos dizer que focou mais a parte, em detrimento do todo, fornecendo uma informação fechada. A imagem construída é apresentada como acontece quando se usa uma luneta para olhar um objeto que já está suficientemente próximo. Isso impossibilita sua visualização, pois é representado de modo isolado e descontextualizado. Um outro aspecto interessante é o fato de a criança não conseguir mudar seu plano de desenhar o objeto em si, ou seja, as tentativas verbais dos participantes não lhe serviram como referência, ou não foram suficientes para mo-

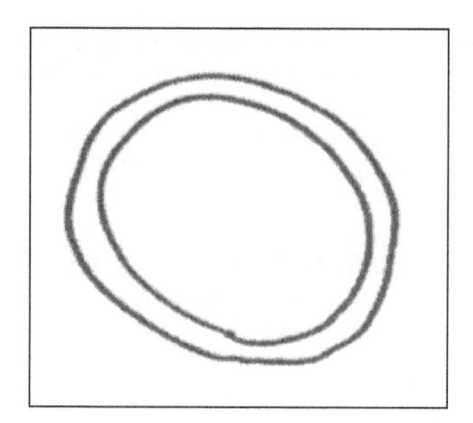

FIGURA 5.2 Desenho feito para representar a palavra "pneu".

bilizar uma mudança real de sua ação. Apesar de refazer algumas vezes, tornou a repetir o mesmo desenho, o que mostra claramente a dificuldade de atingir o objetivo quando, para isso, precisa mudar a imagem inicialmente escolhida.

Situação 2

a) Palavra sorteada: olho.
Desenho feito pela criança: um rosto feminino, com fisionomia alegre.
Palavras ditas pelo público: rosto, menina, alegre, cara feliz, sorriso.

b) Palavra sorteada: gravata.
Desenho feito pela criança: um homem de gravata, com uma fisionomia feliz.
Palavras ditas pelo público: homem, trabalhador, pai, moço rindo.

Essa situação, representada por dois exemplos, é contrária à anterior: em vez de aproximar, a criança distanciou tanto que produziu uma imagem não-suficiente para focar o olhar dos participantes. Em outras palavras, considerou demais o todo, esquecendo-se de que informações amplas permitem muitas possibilidades de interpretação. Se na situação 1, o jogador errou pelo excesso de precisão, na situação 2 ampliou demais o universo de possíveis. Relembrando a idéia de usar uma luneta, é como se ela estivesse agora na posição invertida.

FIGURA 5.3 Desenho representando a palavra "gravata".

Discussão

O que se aprende sobre as crianças a partir dos exemplos? Esta é uma questão fundamental no processo de avaliação formativa. As respostas obtidas são de grande importância para o educador, na medida em que indicam características do pensamento infantil e contribuem para a organização e a elaboração de atividades diferenciadas.

Nas situações 1 e 2, a constatação imediata que se pode fazer é que as crianças não atingiram o objetivo do jogo, pois não conseguiram transmitir uma idéia por meio de imagens, havendo uma falha na comunicação. Como conseqüência dessa observação, pode-se fazer uma avaliação geral que permite concluir que ambas, em termos quantitativos, obtiveram resultados iguais, ou seja, não fizeram pontos no jogo. Uma outra conclusão possível de se fazer a respeito dessas duas crianças é que também não coordenam a noção de parte e todo. No entanto, as justificativas para tais resultados são qualitativamente diferentes. A questão é: como trabalhar com essas crianças? Suas ações durante o jogo indicam duas maneiras diferentes de expressar as palavras sorteadas, evidenciando procedimentos opostos: uma valoriza a parte sem destacar o todo, enquanto a outra valoriza o todo sem destacar a parte. Logo, ambas precisam de uma intervenção específica.

Em síntese, com esses exemplos, tentamos ilustrar o quão insuficiente é realizar uma avaliação baseada unicamente no sucesso ou no insucesso da realização de uma tarefa. Em nosso trabalho, tais informações são apenas um ponto de partida no processo de avaliação das crianças. Resta-nos, após considerar tais aspectos, definir possíveis meios de intervenção: questionar a criança sobre o que faltou nos desenhos para melhorar a compreensão dos observadores, analisar em conjunto as conseqüências das ações realizadas ou, ainda, pedir que outras crianças apresentem sugestões.

QUAL É A MENSAGEM?

Este jogo foi elaborado[2] tendo como referência a idéia sugerida pelo jogo Imagem e Ação e o projeto do LaPp para desenvolver formas de comunicação (nesse caso, em especial a comunicação gráfica) com crianças em atendimento psicopedagógico. O desafio é representar uma frase em três partes, por meio de imagens ou desenhos, procurando fazer com que os outros participantes descubram o conteúdo, articulando as três partes do desenho e construindo, portanto, uma frase. Quem sorteia a frase a ser desenhada é o "emissor" da mensagem e o público atua como "receptor". Vence o jogador que propõe a frase mais semelhante à original.

Material e regras

As frases devem ser prévia e livremente construídas por quem está propondo o jogo, considerando-se os seguintes elementos: número de participantes, grau de desafio e quantidade de partes a serem desenhadas (sugerimos três partes, mas podem ser mais ou menos). O jogo deve ser realizado com lápis e papel, se o grupo tiver até três jogadores, ou na lousa, se o grupo for maior. Apresentamos uma matriz utilizada para os registros no papel.

---

[2] Este jogo foi construído em parceria com Valquíria Carrocedo e Gisele Escorel de Carvalho.

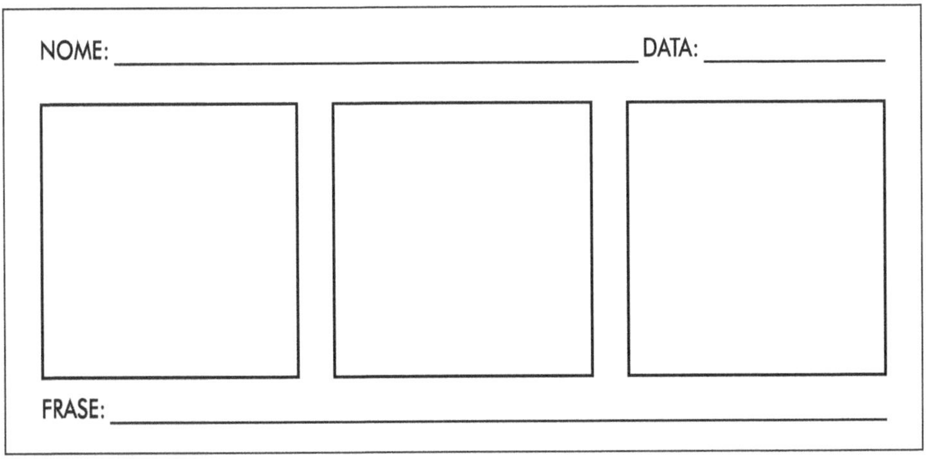

NOME: _____ DATA: _____

FRASE: _____

FIGURA 5.4 Matriz para jogar Qual é a Mensagem?

Conforme as regras, um jogador deve sortear uma frase, ler silenciosamente e definir as partes do desenho. Ele pode alterá-lo e apagar quantas vezes precisar, caso mude de idéia ou as tentativas do público estejam muito diferentes do seu objetivo. Se estiver com dificuldade, pode-se sugerir que escolha um ajudante para desenhar ou definir melhor uma parte do desenho. É importante esclarecer aos participantes que não estão sendo avaliadas suas habilidades para desenhar com perfeição, mas sim sua competência para transmitir a mensagem.

Exemplos de frases que podem ser desenhadas em três partes:

a) "O palhaço subiu na cadeira e pulou".
b) "A bruxa transformou a menina em uma borboleta".
c) "O foguete foi para a lua".
d) "Um coelho encontrou outro coelho e foram comer cenoura".
e) "O passarinho saiu da gaiola e pousou numa árvore".
f) "O gato subiu a escada e foi pegar o rato".
g) "A menina pisou na banana e caiu".
h) "O menino chutou a bola e quebrou o vidro".

Outras atividades e cuidados na elaboração do jogo

Vale a pena lembrar que os conteúdos das frases devem ser elaborados de acordo com o público. Se o grupo é composto de meninos e meninas, por exemplo, é fundamental propor temas que mobilizam a todos, apresentando frases que tenham protagonistas de ambos os sexos. Se as crianças estão interessadas em temas como corrida, campeonato de futebol, álbum de figurinhas, etc., também pode ser uma idéia aproveitar o jogo para incorporar assuntos que elas mesmas trazem.

Ainda em relação ao conteúdo das frases, sugerimos que passem por um "controle de qualidade" antes de serem postas em prática. A justificativa é simples: o que parece fácil, quando transformado em desenho, pode não ser. Substantivos abstratos (como amizade e vergonha), adjetivos (como bonito e veloz) ou um vocabulário mais sofisticado podem fazer o jogo virar uma adivinhação e corre-se o risco de ficar pouco interessante, interferindo negativamente no desenrolar da partida.

As frases devem ter como característica a possibilidade de serem desmembradas no número de partes definido nas regras. Se a proposta é ter três partes, torna-se incoerente propor uma frase bem curta (por exemplo: "Está chovendo" ou "Neva"), ou muito longa e cheia de ações que dificultem uma síntese (por exemplo: "Hoje o menino bonito carregou um cesto cheio de cenouras colhidas na horta"). É preciso ter em mente o objetivo do jogo, cujo foco não é atingir a perfeição do desenho, mas conseguir descobrir formas de transmitir uma mensagem. Por sua vez, o grau de dificuldade da proposta fica a critério de quem constrói as frases.

Há ainda outras possibilidades de atividades para diversificar a dinâmica do jogo. Uma adaptação que as crianças gostam muito é propor que o desenho seja realizado com um número mínimo de partes predefinido, ficando a critério do desenhista usar mais uma, se julgar conveniente. Outra possibilidade é jogar em duplas, o que proporciona uma experiência de trabalho cooperativo e permite observar diferentes modos de interação entre os parceiros. Por último, pode-se sugerir que os próprios alunos inventem frases. Essa situação deve acontecer depois de várias rodadas, quando a criança já domina um pouco mais a estrutura do jogo e tem uma noção do tipo de frase adequado para viabilizar a partida. Essas dinâmicas geralmente produzem bons resultados e contribuem para manter o interesse do grupo.

Análise de procedimentos

No jogo Qual é a Mensagem?, o que pode ser aprendido sobre as crianças? Nesse tipo de atividade, há um trabalho constante e recíproco de interpretação, tanto por parte do "emissor" (desenhista) quanto por parte do "receptor" (grupo). Tal situação favorece a observação de indícios, principalmente em relação ao produtor da mensagem, quanto aos seguintes aspectos: afetivo, cognitivo, social e motor. Cumpre ressaltar que esses aspectos são interdependentes, e a divisão proposta visa a acentuar ou destacar algumas características consideradas fundamentais em cada um.

Quanto ao *aspecto afetivo*, podemos destacar alguns pontos:

- A criança fica com uma idéia fixa e não modifica o desenho, ou acrescenta elementos de acordo com o que vai sendo dito pelo grupo? Consegue agir de modo flexível durante a atividade?
- Começa logo a desenhar, ou fica paralisada, como se não soubesse o que fazer?
- É muito exigente consigo mesma? Não consegue acabar o desenho todo porque há um exagero na perfeição dos detalhes de cada parte (que parece nunca ficar pronta)?
- Como recebe o que o grupo diz? Aceita como um desafio que faz parte do jogo, chora ou ri de forma descontrolada? É indiferente aos comentários, diz que não sabe mais o que fazer e desiste? Recusa-se a participar nas próximas partidas?
- Como é a sua auto-imagem? Gosta do desenho que produz? Consegue permanecer confiante com relação às suas idéias durante o jogo?

A idéia é verificar em que medida a criança atua com flexibilidade e criatividade, que autoconceito tem e como lida com os desafios que aparecem.

Em relação ao *aspecto social*, podemos levantar as seguintes questões:

- A criança que está desenhando a mensagem consegue estabelecer um limite para a situação, defendendo suas idéias e percebendo a hora em que deve parar de modificar o desenho?
- Respeita os colegas, tentando fazer-se entender via imagem, ou faz um desenho de qualquer jeito, rabiscado, só para se ver livre da tarefa?
- É capaz de se descentrar, levando em conta simultaneamente suas idéias e as tentativas feitas pelo grupo?

Através dessas questões, pode-se observar a autonomia ou não da criança para resolver um problema e a relação que estabelece com o grupo.

Quanto ao *aspecto motor*, também podemos perguntar:

- Como é o traçado do desenho como um todo? A criança desenha de modo mais sintético e esquemático? Apresenta muitos detalhes para transmitir a idéia?
- Como é sua organização no espaço? Os desenhos cabem no quadradinho ou, ao contrário, são minúsculos e o público não enxerga?
- Pressiona com muita ou pouca força o giz ou o lápis?
- Qual é a postura da criança enquanto desenha? A posição de seu corpo favorece a qualidade da produção?
- É muito lenta ou rápida demais para executar o traçado? Como isso interfere na qualidade do desenho final?

O observador também pode obter informações sobre o "receptor" da mensagem (o grupo) quanto aos seguintes aspectos:

- As crianças esperam o "emissor" acabar o desenho, ou vão falando rapidamente qualquer coisa após cada quadrado desenhado?
- Todas as crianças participam igualmente da atividade? Alguma delas monopoliza a fala ou, de maneira oposta, fica isolada?
- A qualidade das hipóteses é boa, as frases propostas têm relação direta (são "coladas") com o desenho, ou vão além das imagens?
- As frases são descobertas rapidamente ou não? Precisam de muitas dicas do desenhista, ou fazem generalizações adequadas?
- O grupo faz comentários pertinentes ao colega que está desenhando, dá pistas construtivas ou ridiculariza o jogador, dizendo coisas que o desqualificam?
- Quando as próprias crianças criam as frases do jogo, como é a escrita? Há erros ortográficos? De que natureza? As idéias são completas e possíveis de serem desenhadas?

Na perspectiva do *aspecto cognitivo*, o observador pode ter em mente algumas questões sobre a criança que está desenhando:

- Modifica sua ação em função das informações dadas pelo grupo, isto é, das frases que vão sendo levantadas como hipóteses? Apaga ou refaz algo no desenho influenciada pelo que está sendo falado pelo grupo?
- Tenta focar o olhar do outro, abstraindo o que não pode faltar no desenho? Desenha partes da frase que são fundamentais para o entendimento da mensagem, ou produz informações descontextualizadas?
- O desenho é muito sintético, apenas contendo o suficiente para passar a idéia, ou é rico em detalhes?
- Considera as partes como elementos que compõem o todo? Os desenhos dos quadradinhos, quando vistos ao mesmo tempo, produzem o movimento necessário à frase?

As questões mencionadas não se esgotam, mas servem como referência e ajudam a nortear o olhar do adulto que está observando as crianças enquanto jogam. Além delas, podemos obter mais informações sobre o aspecto cognitivo, propondo outra análise qualitativa das produções das crianças em três níveis de desempenho. Para tanto, devemos estar atentos ao que não pode faltar no desenho: o próprio objeto, objetos que representem a idéia central da frase, indícios que contribuem para focar o olhar do receptor e o contexto da frase.

No *nível 1*, a criança não elege os elementos do desenho considerados fundamentais para que o outro compreenda sua mensagem, desenhando partes menos relevantes da frase. Em geral, não consegue modificar os elementos

FIGURA 5.5 Representação da frase "O menino pisou na casca de banana e caiu".

do desenho já realizado, nem mesmo de acordo com as dicas fornecidas nas hipóteses feitas pelo grupo. Em síntese, não consegue perceber os erros que produz, nem analisa a insuficiência das imagens produzidas, na perspectiva do outro e do objetivo do jogo. Por exemplo, ao representar a frase "O menino pisou na casca de banana e caiu", a criança desenhou no terceiro quadrinho um menino em pé e não conseguiu modificar o desenho, apesar dos comentários do público: tropeçou, escorregou, etc.

No *nível 2*, as ações caracterizam-se por inúmeras alterações de elementos fundamentais do desenho enquanto idéia geral, muitas vezes obtendo sucesso na correção e passando a mensagem esperada. Em outras palavras, a criança consegue perceber seus erros, as partes do desenho que estão "atrapalhando" a comunicação, após terem sido produzidos, apresentando indícios claros de correção. Por exemplo, uma criança desenhando a frase "O gato subiu na escada para pegar o rato" refaz o primeiro quadradinho, depois de ouvir os comentários do grupo com relação ao animal, acrescentando indícios (bigode comprido e orelha pontuda) que determinariam a conclusão de que o animal era um gato (Figura 5.6).

Já no *nível 3*, os elementos principais da idéia, por serem representação do todo, estão sempre presentes, aparecendo uma síntese da frase no desenho. Há uma continuidade na representação dos quadradinhos, que correspondem

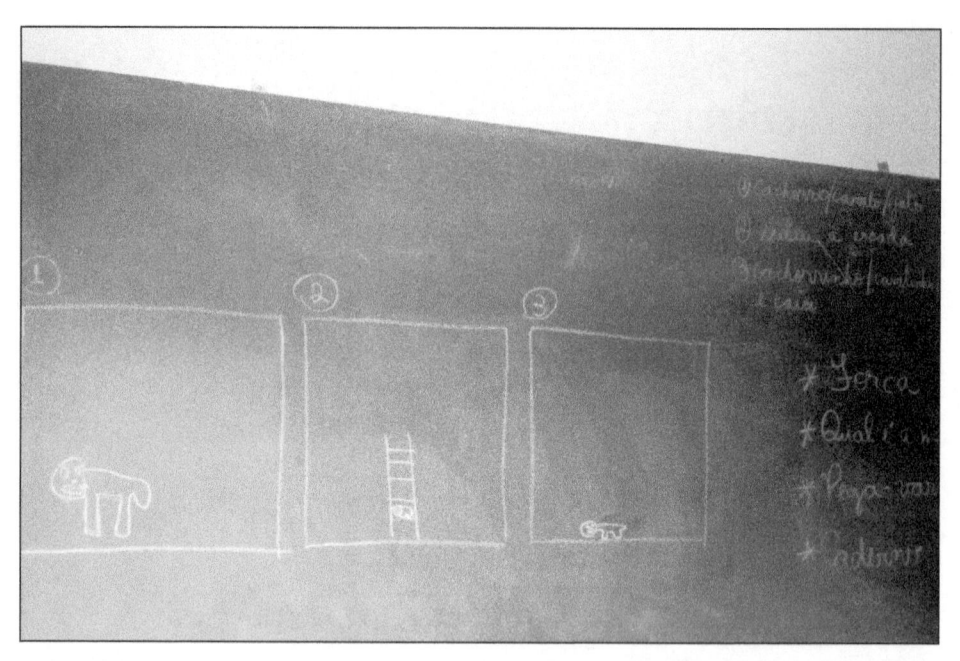

FIGURA 5.6 Dois desenhos: a primeira tentativa e sua reformulação em função dos comentários dos participantes da atividade.

à seqüência sujeito da frase – ação – conseqüência da ação. A frase é, geralmente, descoberta pelo grupo de maneira muito próxima à original, o que indica uma boa qualidade na comunicação. A criança consegue, por exemplo, planejar de modo mais eficiente o desenho (Figura 5.7).

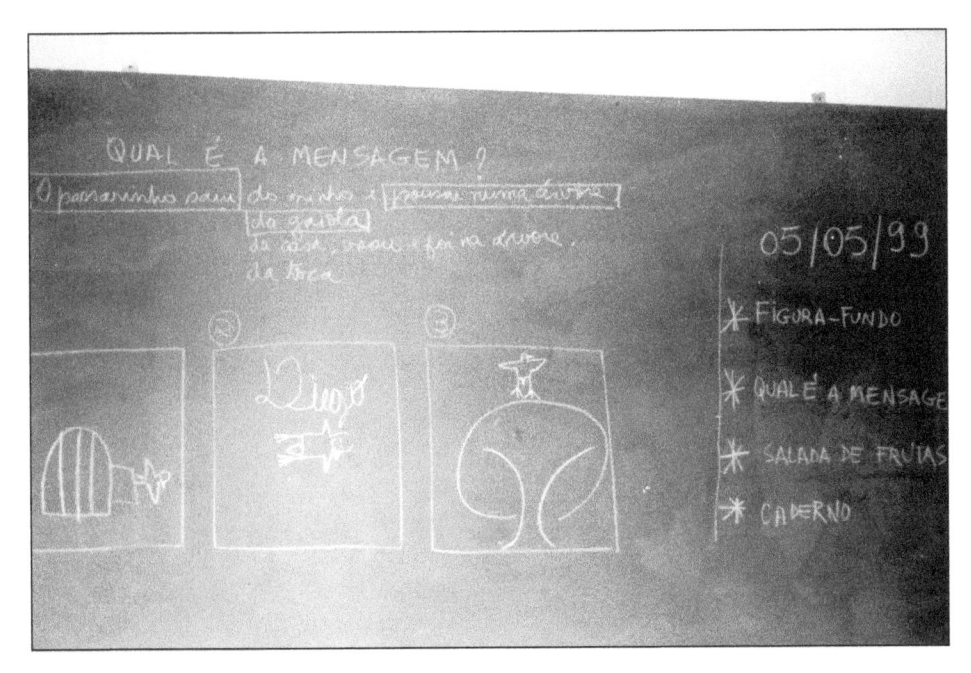

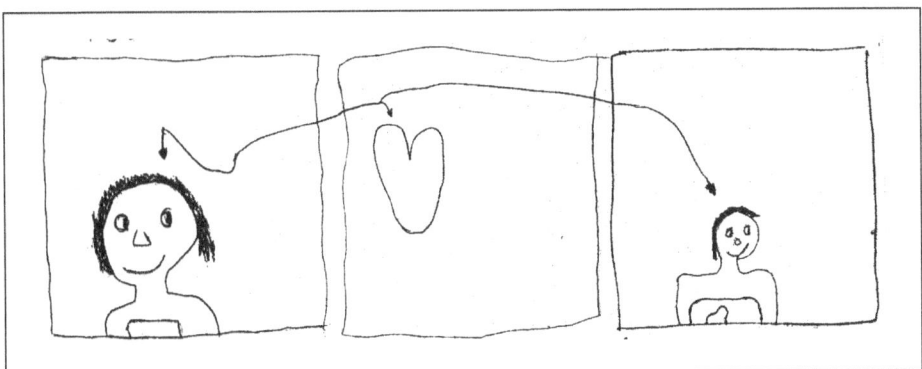

FIGURA 5.7 Exemplos de desenhos feitos por crianças.

No caso de se optar por esse tipo de caracterização das ações no jogo, é importante lembrar que isso não é necessariamente generalizável enquanto comportamento geral da criança avaliada. Em outras palavras, classificar por nível é um aspecto que depende de outros fatores para explicar o desenvolvimento infantil. Por exemplo, se a criança tem ou não familiaridade com o jogo, se já jogou outras vezes, se gostou ou não da proposta são aspectos que devem ser considerados, porque sem eles a avaliação pode acabar sendo superficial ou até mesmo equivocada.

Nossa intenção, neste capítulo, foi a de ilustrar sinteticamente como é possível fazer diferentes recortes para interpretar as ações das crianças, tendo como referência o mesmo jogo. Nesse sentido, além de algumas observações a respeito dos aspectos afetivo, motor e social, destacamos o cognitivo. O mais importante, no entanto, não é focar um jogo em específico, mas aprender a conhecer as crianças em contextos com jogos variados. Assim, a análise dos diferentes aspectos pode ser feita em qualquer atividade, bastando que o profissional consiga identificá-los.

O "espírito do jogo"

Jogar não é simplesmente apropriar-se das regras. É muito mais do que isso! A perspectiva do jogar que desenvolvemos relaciona-se com a apropriação da estrutura, das possíveis implicações e tematizações. Logo, não é somente jogar que importa (embora seja fundamental!), mas refletir sobre as decorrências da ação de jogar, para fazer do jogo um recurso pedagógico que permita a aquisição de conceitos e valores essenciais à aprendizagem.

Aprender a jogar é o primeiro passo. Como continuidade, é necessário pensar sobre as conseqüências dessa prática para o cotidiano escolar. Cada um de nós tem expectativas diferentes com relação aos possíveis usos dos jogos. Para não haver frustrações ou insatisfações, temos de aprender a extrair o que nutrirá nossa prática e nosso trabalho. Mas o que isso significa exatamente? Qualquer jogo, conhecido ou em estudo, poderá ter uma função, desde que se encontre sentido para sua utilização. Talvez alguns deles não sirvam, talvez não seja possível encontrar uma aplicação direta para o público com o qual se trabalha. No entanto, a experiência de jogar certamente "contaminará" de alguma maneira a forma como ensinamos nossos alunos, daí a expressão "espírito do jogo". Esta pode ser traduzida por muitos aspectos do jogar: dar mais sentido às tarefas e aos conteúdos, aprender com mais prazer, encontrar modos lúdicos de construir conhecimentos, saber observar melhor uma situação, aprender a olhar o que é produzido, corrigir erros, antecipar ações e coordenar informações. Essa expressão também contempla outros aspectos, como trabalhar em um contexto competitivo, mas regrado, em que há estímulo à criatividade e à busca de melhores recursos internos para vencer sem trapacear. Essas maneiras de agir, sem dúvida, influenciam diretamente o ambiente da sala de aula, pois favorecem a aprendizagem e colocam os alunos como agentes de seus próprios conhecimentos, autores de suas ações e, portanto, tornam-se mais responsáveis e envolvidos com aquilo que produzem. A prática de tais habilidades e competências, a médio e longo prazos, é revertida em bons resultados, tanto no desempenho como aluno quanto no exercício da cidadania. É difícil apostar nesse recurso quando se tem pouco tempo para vencer todos os conteúdos curriculares básicos de cada série. Porém, de acordo com nossa experiência ao longo de pelo menos 12 anos, o "espírito do jogo" vai gradualmente influenciando as condutas e as atitudes de quem joga: até mesmo aprender alguns conteúdos sem muito sentido ou compreensão de sua necessidade pode virar um jogo, aceito porque faz parte de um todo maior e porque há uma relação de confiança entre professor e alunos. Seu papel como educador e como autoridade tem para os alunos um lugar definido. O professor pode negociar com eles um revezamento entre o que é legitimamente desafiante e o que requer um empenho maior. Aliás, essa clareza para identificar as ações é importantíssima e pode realmente interferir na tomada de decisão entre aprender ou não.

Apesar de todos os benefícios até aqui apontados, é impossível transformar tudo em jogo! Então, por que jogar? Na vida, muitas situações que devem ser enfrentadas não são divertidas, mas pedem nosso melhor empenho, se quisermos, inclusive, resolvê-las logo. Em muitas ocasiões, temos de aceitar e cumprir regras que nos parecem desconectadas ou com as quais discordamos. É por isso que a escola tem um papel importante na educação de nossas crianças. Elas precisam ser colocadas em contato com situações ao mesmo tempo desafiantes e regradas, como parte fundamental do processo de amadurecimento, devem aceitar imposições sociais e burocráticas, não precisam ser passivas, mas devem saber o lugar que ocupam nas hierarquias. Há regras escolares que são inegociáveis e que caracterizam quem as cumprem como estudantes, por exemplo: assistir às aulas, discutir assuntos referentes aos conteúdos ensinados, fazer lições e responder perguntas. Os alunos podem realizar essas "obrigações" de muitos modos. Se há pouca resistência e maior investimento, sobra tempo para outras atividades; se há muita resistência e baixo envolvimento, as conseqüências são negativas e as exigências não diminuem. Se pensarmos em uma situação de nosso cotidiano, talvez fique mais fácil entender essa questão. Imaginemos uma pia cheia de louça para ser lavada. Desejar que não exista ou que se lave sozinha não resolve o problema. Se ficarmos com raiva, corremos o risco de quebrar muitas coisas. Se fizermos com pressa, além do risco de quebrar, podemos ter como resultado objetos sujos, devendo ser lavados novamente. Se, por outro lado, decidimos enfrentar o inevitável, mas com o "espírito do jogo", poderemos cumprir essa tarefa sem tanto pesar: é possível organizar pilhas e escolher o que lavar primeiro, brincar de separar os objetos, perceber que a sensação da água e do detergente são agradáveis (ou ao menos buscar que sejam), colocar uma música, enfim, o que é necessário pode ser transformado em aliado e não em inimigo! Podemos ajudar nossos alunos a modificarem a relação negativa que estabelecem com suas obrigações enquanto estudantes. Ser aluno é inevitável, mas aprender a divertir-se nessa condição é uma conquista importante para muitos.

Praticar jogos – e, principalmente, refletir sobre suas implicações – pode ajudar a recuperar o "espírito do aprender" que está escondido nos conteúdos escolares. Sabemos que os jogos não são semelhantes às tarefas escolares, sobretudo se analisarmos os seus conteúdos, mas veremos que há muitos pontos em comum se considerarmos sua forma. Por exemplo, as atitudes dos jogadores são muito semelhantes às que os alunos deveriam cultivar. Assim, para concluir, podemos retomar a situação de nosso cotidiano: as tarefas escolares podem ser encaradas como uma louça interminável e maçante, ou como uma seqüência de ações planejadas, organizadas e possíveis de serem cumpridas, ainda que chatas e irritantes aos olhos de quem não gosta de realizá-las. Descobrir meios de enfrentar as tarefas do dia-a-dia com mais sentido e objetividade é um obstáculo transponível e deve ser pensado como um desafio. Disponibilidade e motivação são agentes internos que podem e devem ser construídos com nossa ajuda. Hoje vemos muitos alunos desmotivados e desinteressados por aprender, mas podemos instigá-los usando jogos como desencadeadores, como despertadores de ações até mesmo não percebidas pelas crianças como possíveis de serem produzidas por si próprias. Muitas vezes, falamos para nossos alunos: "Se você consegue ser concentrado no jogo, deve conseguir isso na escola". Eles nos olham desconfiados, sem acreditar muito em tal afirmação. Aos poucos, porém, vão incorporando esse novo modo de pensar e agir e vão aprendendo que os recursos mobilizados nas situações de jogos são propriedade deles, podendo ser transferidos para outros contextos. Essa atitude tem como conseqüência contribuir para a construção e o desenvolvimento de atitudes também favoráveis à aprendizagem, que é o nosso objetivo maior.

Referências

ALBUQUERQUE, G.P. *Tanguan*. São Paulo: Massao Ohno.

CAÑEQUE, H. *Juego y vida:* la conducta lúdica en el niño y el adulto. Buenos Aires: El Ateneo, 1991.

CHATEAU, J. *O jogo e a criança*. São Paulo: Summus, 1987.

De La TAILLE, Y. *Limites:* três dimensões educacionais. São Paulo: Ática, 2000.

DE La TAILLE, Y. et al. *Piaget, Vygotsky, Wallon:* teorias psicogenéticas em discussão. São Paulo: Summus, 1992.

DELVAL, J. *Introdução à prática do método clínico:* descobrindo o pensamento das crianças. Porto Alegre: Artmed, 2002.

FURTH, H. *Knowledge as desire:* an essay on Freud and Piaget. New York: Columbia University, 1987.

HADJI, C. *A avaliação, regras do jogo:* das intenções aos instrumentos. Porto: Porto Editora, 1994.

HADJI, C. *Avaliação desmistificada*. Porto Alegre: Artmed, 2001.

INHELDER, B.; BOVET, M.; SINCLAIR, H. *Aprendizagem e estruturas do conhecimento*. São Paulo: Saraiva, 1977.

MACEDO, L. de. A dimensão lúdica nos processos de aprendizagem. *FOLHA Educação*, v.20, p.6-7, março/abril 2003.

_____ . Apresentação. In: COLL, C. *Psicologia e currículo:* uma aproximação psicopedagógica à elaboração do currículo escolar. São Paulo: Ática, 1996.

_____ . *Ensaios construtivistas*. São Paulo: Casa do Psicólogo, 1994.

_____ . *Ensaios pedagógicos: como construir uma escola para todos?* Porto Alegre: Artmed, 2004.

_____ . Fundamentos para uma educação inclusiva. *Psicologia da Educação – Revista do Programa de Estudos Pós-Graduados* (PUC/SP), v.13, p.29-51, 2001.

_____ . Situação-problema: forma e recurso de avaliação, desenvolvimento de competências e aprendizagem escolar. In: PERRENOUD, P. et al. *As competências para ensinar no século XXI:* a formação dos professores e o desafio da avaliação. Porto Alegre: Artmed, 2002.

_____ . In: ALENCAR, E.S. de. (Org.). *Novas contribuições da psicologia aos processos de ensino e aprendizagem*. São Paulo: Cortez, 1992. p. 119-140.

_____ . O lugar dos erros nas leis ou nas regras. In: MACEDO, L. et al. *Cinco estudos de educação moral*. São Paulo: Casa do Psicólogo, 1996.

MACEDO, L.; PETTY, A.L.; PASSOS, N.C. *Aprender com jogos e situações-problema*. Porto Alegre: Artmed, 2000.

_____. *Quatro Cores, Senha e Dominó*: oficinas de jogos em uma perspectiva construtivista e psicopedagógica. São Paulo: Casa do Psicólogo, 1997.

PERRENOUD, P. (1998). *Avaliação*: da excelência à regulação das aprendizagens – entre duas lógicas. Porto Alegre: Artmed, 1999.

PERRENOUD, P. *Dez novas competências para ensinar*. Porto Alegre: Artmed, 2000.

PETTY, A.L. *Ensaio sobre o valor pedagógico dos jogos de regras*: uma perspectiva construtivista. São Paulo, 1995. Dissertação (mestrado). Instituto de Psicologia da USP.

PETTY, A.L. O valor psicopedagógico dos jogos. *Revista Construção Psicopedagógica*, ano 2, 2000.

PETTY, A.L.; PASSOS, N.C. (1996). Algumas reflexões sobre jogos de regras. In: SISTO, F. et al. (Org.). *Atuação psicopedagógica e aprendizagem escolar*. Petrópolis: Vozes, 1996. p. 163-174.

PIAGET, J. (1975). *O desenvolvimento do pensamento*: equilibração das estruturas cognitivas. Lisboa: Dom Quixote, 1977.

_____. *O julgamento moral na criança*. São Paulo: Mestre Jou, 1977.

_____. Prefácio. In: INHELDER, B.; BOVET, M.; SINCLAIR, H. *Aprendizagem e estruturas do conhecimento*. São Paulo: Saraiva, 1977.

_____. Psychopédagogie et mentalité enfantine. *Journal de Psychologie Normale et Pathologique*, ano 25, p.31-60, 1928. Traduzido para uso didático por Ana Maria Moreira César, 1991, 35p.

_____. The relation of affectivity to intelligence in the mental development of the child. *Bulletin of the Menninger Clinic*, v.26, n3, p.129-137, 1962. Traduzido para fins didáticos por Ana Lúcia Petty, 1990, 13p.

PIAGET, J. et al. *A representação do mundo na criança*. Rio de Janeiro: Record, 1926c.

PIAGET, J. et al. *O possível e o necessário*: evolução dos possíveis na criança. Porto Alegre: Artmed, 1985. v.1.

PIAGET, J. et al. *O possível e o necessário*: evolução dos necessários na criança. Porto Alegre: Artmed, 1986. v.2.

RABIOGLIO, M. *Jogar: um jeito de aprender – análise do Pega-Varetas e da relação jogo-escola*. São Paulo, 1995. Dissertação de mestrado. Faculdade de Educação da Universidade de São Paulo.